走進立陶宛的世界

的世界

圖片提供：©Go Vilnius

74

Made in Lithuania
特色紀念品

92

立陶宛飲食文化

116

立陶宛必訪景點

圖片提供：© Go Vilnius. Saulius Žiūra

美好，卻鮮為人知的淨土

「沒有人知道它在哪裡，但一旦你找到它，就會發現它有多美妙」，這是幾年前立陶宛首都維爾紐斯推出就一炮而紅的「歐洲G點行銷」廣告標語。在立陶宛生活這麼多年後，我也完全同意，立陶宛就是這樣一個美好卻鮮為人知的地方。

在大學畢業後，我先是去了澳洲打工度假半年，回臺灣後很順利地得到第一份工作，在科技公司擔任國外業務。當時20出頭歲、還是新鮮人的我，完全沒有想過自己的下半輩子會在國外定居，而且還是在立陶宛———一個當時沒幾個臺灣人知道的地方。但人生就是充滿驚喜，我在臺灣的第一份工作就遇到了當時的同事、現在的立陶宛老公，然後就這樣「姻緣」際會來到這個可愛的國家，一待已經超過10年。

在我搬來立陶宛定居以前，除了曾經在國中地理課本看過波羅的海三小國的名稱，對於這個遠在千里之外的國家仍是一無所知。成為第一個前來定居的臺灣媳婦後，從一開始對天氣和飲食的不適應，到經歷育兒、融入當地職場並結交許多立陶宛朋友後，讓我得以慢慢累積對當地文化習俗、生活飲食和旅遊等深入的了解。

很高興能透過寫書的方式，將立陶宛這個勇敢、對臺灣如此友好的國家介紹給大家。相信不論是計畫前來旅遊，或是只是想更了解立陶宛的朋友，這本書都將帶你從各個面向走進立陶宛的世界，發掘它的美麗！

關於作者

 Augustas x Domantas
咕咕多多在立陶宛

 gugudodo_lt

游堯茹

政治大學國貿系畢業，在臺灣職場遇見立陶宛老公後遠嫁，成為第一個定居立陶宛的臺灣媳婦，轉眼已在立陶宛度過10個春夏秋冬。喜歡立陶宛的質樸與生活步調、風光明媚的夏天、維爾紐斯的文藝氣息，欣賞人民追求自由的勇氣。雖然總是嚷嚷臺灣才是自己最愛的國家，卻也捨不得離開已經成為第二個家的立陶宛。

目前定居首都維爾紐斯，任職於中東歐最大的航空控股集團行銷部門，並經營臉書粉絲專頁「Augustas x Domantas 咕咕多多在立陶宛」，記錄在立陶宛的育兒生活大小事、文化觀察和旅遊資訊。

臺灣太雅出版編輯室提醒

出發前，請記得利用書上提供的通訊方式再一次確認

每一個城市都是有生命的，會隨著時間不斷成長，「改變」於是成為不可避免的常態，雖然本書的作者與編輯已經盡力，讓書中呈現最新的資訊，但是，仍請讀者利用作者提供的通訊方式，再次確認相關訊息。因應流行性傳染病疫情，商家可能歇業或調整營業時間，出發前請先行確認。

資訊不代表對服務品質的背書

本書作者所提供的飯店、餐廳、商店等等資訊，是作者個人經歷或採訪獲得的資訊，本書作者盡力介紹有特色與價值的旅遊資訊，但是過去有讀者因為店家或機構服務態度不佳，而產生對作者的誤解。敝社申明，「服務」是一種「人為」，作者無法為所有服務生或任何機構的職員背書他們的品行，甚或是費用與服務內容也會隨時間調動，所以，因時因地因人，可能會與作者的體會不同，這也是旅行的特質。

新版與舊版

太雅旅遊書中銷售穩定的書籍，會不斷修訂再版，修訂時，還區隔紙本與網路資訊的特性，在知識性、消費性、實用性、體驗性做不同比例的調整，太雅編輯部會不斷更新我們的策略，並在此園地說明。您也可以追蹤太雅IG跟上我們改變的腳步。

IG taiya.travel.club

謝謝眾多讀者的來信

過去太雅旅遊書，透過非常多讀者的來信，得知更多的資訊，甚至幫忙修訂，非常感謝你們幫忙的熱心與愛好旅遊的熱情。歡迎讀者將你所知道的變動後訊息，善用我們提供的「線上回函」或是直接寫信來taiya@morningstar.com.tw，讓華文旅遊者在世界成為彼此的幫助。

票價震盪現象

越受歡迎的觀光城市，參觀門票和交通票券的價格，越容易調漲，特別Covid-19疫情後全球通膨影響，若出現跟書中的價格有落差，請以平常心接受。

歐洲璞玉—立陶宛

立陶宛，一個你可能只聽過名字卻無所知的陌生國家。它沒有法國或義大利的富麗堂皇，也沒有瑞士的壯麗自然景色，但它就像一塊璞玉，靜靜地守在歐洲的中心，等待著你來琢磨它樸實外表下蘊藏的種種美麗。

圖片提供：©Andrius Aleksandravičius_Lithuania Travel

你必須知道的 7 件事

　　說到立陶宛，除了巧克力和啤酒，還有什麼是你一定得知道的呢？不論你是計畫前來立陶宛旅遊，或只是對這個有點神祕的地方感到好奇，就讓我們從立陶宛人們最為引以為傲的7點，來認識這個國家吧！

1 位於歐洲地理中心

　　你知道歐洲中心在哪裡嗎？德國、波蘭還是奧地利？根據1989年法國國家地理學院(French National Institute of Geography)科學家重新測量歐洲邊界的結果，他們認定歐洲地理位置中心位於立陶宛的境內。儘管有許多歐洲國家宣稱自己是歐洲中心，立陶宛可是唯一取得金氏世界紀錄登記認證在冊的國家。

　　這個歐洲地理位置中心位於距離首都維爾紐斯(Vilnius)約26公里外的Purnuškės小鎮，來到這裡你可以在歐洲地理中心打卡，還可以取得一張「到此一遊」的證書。

到此一遊證書可以跟遊客中心購買，價格為3歐元

歐洲地理中心之柱

歐洲地理中心廣場

2 民主自由至上

　　許多人知道立陶宛曾經是蘇聯的成員，卻鮮少有人知道立陶宛是第一個經過抗爭後從蘇聯獨立的國家。立陶宛有著坎坷的歷史，儘管在15世紀曾是歐洲最大的國家，但後來不斷地被其他國家占領。

　　取得獨立十分得來不易，造就了民主和自由的價值在立陶宛人民心中的地位。即使是年輕一輩的立陶宛人，透過教育都熟知立陶宛近代抗爭獨立的歷史，立陶宛人也驕傲地認為：「民主流在我們的血液之中。」

　　2022年烏俄戰爭發生時，立陶宛雖然是個相對小的國家，卻在捐款、軍援、收留難民方面都不遺餘力，不僅是因為他們曾經被俄羅斯侵略過，也因為他們深知守護民主的重要性。

1989年上街聲討德國與俄國於1939年簽訂《德蘇互不侵犯條約》的民眾，該條約導致立陶宛被蘇聯併吞(翻拍自克格勃博物館)

1990年抗議蘇聯軍隊的民眾(翻拍自克格勃博物館)

3 立陶宛語是世界上最古老的語言之一

　　許多人以為立陶宛是俄語國家，其實立陶宛有自己的語言喔！不過，如果有個立陶宛人對你說他的立陶宛文不好，那可能是真的。立陶宛語只有300萬人在使用，是現存世界上最古老的印歐語系語言之一，有著古老的字母和特殊的發音，以及非常複雜的文法變化，連母語人士都不一定能寫出文法完全正確的文章。

　　立陶宛文中最長的單字有37個字母──Nebeprisikiškiakopūsteliaujantiesiems，這個字可能連立陶宛人都很難翻譯，但大概的字面意思是「提供給那些無法再收集酢漿草的人的一些東西」。雖然這個字幾乎沒在使用，但如果你有機會遇到立陶宛人，不妨請他唸一下這個最長的單字，來感受一下立陶宛文的魅力。

立陶宛到處都是森林和湖泊
(圖片提供：©Andrius Aleksandravičius_Lithuania Travel)

立陶宛阿尼克什奇艾市 (Anykščiai)的瞭望台

4 自然之境

如果你熱愛大自然，希望遠離塵囂，在一個綠意盎然的地方淨化心靈，那來立陶宛準沒錯。

立陶宛有著自然之境(The Land of Nature)的美名，最高點僅海拔284米，地勢低平沒有高山阻擋，有許多景點和瞭望台可以讓遊客將一望無際的開闊美景盡收眼底，放鬆身心。

此外，立陶宛國土的森林覆蓋率超過三成，以及大大小小上千座的湖泊與河川，還有列入世界遺產的沙丘景色，得天獨厚的自然環境也造就了立陶宛人喜愛大自然戶外活動的性格。

5 處處可見的俊男美女

立陶宛人身材高挑，天生有著白皙的皮膚和淺色的頭髮，自帶一點慵懶的氣質。走在立陶宛老城區，你一定會被幾個美麗或帥氣的路人吸引目光，立陶宛就是一個如此養眼的國度。

不過歐洲人都很重視隱私，來到立陶宛看到帥哥美女想拍照留念，可記得要經過對方同意喔！

夏天的露天咖啡廳到處可見俊男美女(圖片提供：© Go Vilnius)

6 又快又方便的網路

出國旅遊最怕當地網路不方便，這點在立陶宛你完全不用擔心。歸功於國家政策，為了吸引更多的國際企業前來設立公司，立陶宛在網路建設與推動上做出許多努力。立陶宛還曾在2016年贏得全球擁有最快公共無線網路國家的頭銜。

因此在立陶宛，你可以在主要旅遊景點、購物中心、公車上，甚至是公園，免費體驗到世界上最快的公共無線網路之一。

7 籃球是立陶宛人的第二信仰

如果說天主教是立陶宛人的精神寄託，籃球就是他們的生活寄託了。立陶宛人熱愛籃球，國家人口不多卻是公認的籃球大國，在國際賽事中屢獲佳績，還在2004雅典奧運中打敗美國NBA球員組成的夢幻隊，是史上第一個打敗美國夢幻隊的歐洲國家。

在立陶宛舉辦籃球國際賽事，只要有立陶宛隊往往座無虛席 (圖片提供：Rugilė Butkevi-čiūtė)

立陶宛為什麼會有如此亮眼的成就呢？1920年代末期，立陶宛裔美國人Pranas Lubinas將這個運動帶到波羅的海地區，並帶領立陶宛在幾屆的歐洲盃籃球賽奪金。二戰後蘇聯占領了立陶宛，蘇聯希望透過運動來展示國力，相當重視籃球運動。當時由立陶宛出色球員領軍的蘇聯隊拿下多場勝利。立陶宛獨立後，籃球人才輩出，繼續在國際間有著亮眼的成績。

籃球明星從小養成

代表蘇聯隊在1988年夏季奧運奪金的立陶宛球員(翻拍自阿維亞解決方案集團辦公室)

看著這些籃球明星與立陶宛國家隊的佳績，當時的立陶宛小孩們都有個長大要當籃球明星的夢想。當然，國家對於此項國球運動的重視也是功不可沒。在立陶宛處處可見籃球場，當地也有許多優質的籃球學校和俱樂部，加上立陶宛人的先天身高優勢，促進了籃球運動的強盛。

想要感受立陶宛人對籃球的狂熱，最好的方式就是到位於第二大城考納斯的Žalgiris Arena，看場有當地聯盟最強球隊Žalgiris Kaunas的籃球比賽，保證你會有個難忘的夜晚。

擁有豐富的
世界文化遺產

　　儘管在歐洲只是一個「小國」，卻有 4 個景點被聯合國教科文組織 (UNESCO) 列入世界文化遺產，還有兩個在暫定名單中，是波羅的海三國中最「富有」的。

世界遺產 1 　維爾紐斯歷史中心

　　維爾紐斯歷史中心(Vilnius Historical Center)，或稱維爾紐斯老城區，占地約3.59平方公里，是13世紀至18世紀末立陶宛大公國的政治中心。立陶宛在14、15世紀時曾是歐洲最強大的國家，因此維爾紐斯歷史中心對東歐許多地區的文化和建築發展帶來了深遠的影響，也是

歐洲少數被保留下來的中世紀街道和城市結構的代表，聯合國教科文組織在1994年將其納入世界文化遺產。

　　漫步在老城區，在特別保留下來的磚道上，你可以看見許多令人印象深刻的哥德式、文藝復興、巴洛克式和古典風格的建築，老城區的紅屋頂也是主要特色之一。它被認為是在受多種文化、宗教和語言融合影響下而發展出的歐洲城市典範。慶幸的是，儘管經歷了戰爭和侵襲，這些古蹟在幾個世紀後依然保存完好，成為如今立陶宛遊客必去探索的景點。

熱氣球飛行逛老城

　　不想走路？那就試試看「飛行」逛老城吧！維爾紐斯是世界上少數允許在市

老城區的景色與多元建築

中心上方飛行熱氣球的城市。立陶宛更以領先全球的「人均熱氣球數量」自豪(平均每人擁有的熱氣球數量)。在天氣好、晴朗的日子，經常可以一次看到十幾個色彩繽紛的熱氣球飄過維爾紐斯上空，是維爾紐斯市的特有景象。如果你不怕高，熱氣球可是來立陶宛玩時一定要體驗的活動之一喔！

電影拍攝場景

維爾紐斯老城所保留的中古世紀街道樣貌以及多元的建築，在近年也成為許多主流電視電影拍攝的取景地點。例如

HBO影集《凱薩琳大帝》(Catherine the Great)和BBC影集《戰爭與和平》(War and Peace)，就分別把維爾紐斯老城區轉變為18世紀的俄羅斯和19世紀的聖彼得堡取景拍攝。除了老城區，HBO的《核爆家園》也是在立陶宛取景，利用蘇聯時期的建築將立陶宛變成烏克蘭車諾比核災事件的事發地點。

老城區的紅屋頂(圖片提供：©Go Vilnius. Augustas Didžgalvis)

每日有免費英文導覽

為了推廣觀光，維爾紐斯老城區每日都有免費的英文導覽行程，對自助旅遊的朋友來說非常方便。

預約免費導覽

🌐 www.vilniusfreetour.lt

🌐 www.vilniuswithlocals.com

維爾紐斯的免費導覽

克爾納韋考古遺址

克爾納韋考古遺址

立陶宛的特洛伊

克爾納韋考古遺址(Kernavė Archaeological Site)位於維爾紐斯西北約35公里處，坐落於涅里斯河(Neris River)河畔，有著城鎮、堡壘、墓地，和其他從舊石器時代晚期到中世紀的歷史和文化古蹟，是立陶宛在一萬年前就有人類居住地的證明，被譽為「立陶宛的特洛伊」，並在2004年被列入世界文化遺產。

克爾納韋是當時立陶宛大公國的第一個首都，在13、14世紀也是重要的封建城鎮，如今還看得到五座巨大天然山堡壘的樣貌，可以感受到當時防禦系統的規模，到此一遊時可要做好走上許多路和爬階梯的準備。

東西貿易據點

克爾納韋鎮在14世紀後期被條頓騎士團摧毀後廢棄，但保留了非常多的遺跡。目前僅開挖一小部分，就已經出土超過16,000多件文物，且文物與當時以農業為主的立陶宛其他地區非常不同，有珠寶、鐵器、陶器和皮革等手工藝品，說明了它曾是一座貿易發達、工藝精良的城市。

克爾納韋考古遺址&室內博物館

克爾納韋考古遺址全年免費開放入場，但展示文物和重現當時城市的露天博物館，以及介紹考古研究的室內博物館則只有4～10月開放。若有計畫拜訪，最好在出發前再次確認是否可以參觀喔！

🌐 www.kernave.lt/en

克爾納韋考古遺址
(圖片提供©Vaidas Gegužis_Lithuania Travel)

斯特魯維地理探測弧線

斯特魯維地理探測弧線(Struve Geodetic Arc)是一條長達2820公里的測量線，從最北的挪威一路延伸到黑海，包含立陶宛共10個國家。

該弧以德國天文學家Friedrich Georg Wilhelm von Struve命名。為了確定子午線弧的長度並計算地球的大小和形狀，他自1816年開始進行無數次探險、測量和設置了258個帶有不同標記的三角測量點連成弧線，並於1855年向公眾展示。

世界遺產 4 庫爾斯沙嘴

庫爾斯沙嘴(Curonian Spit)是立陶宛最著名的自然景觀，在2000年被列入世界文化遺產。它是一個長達98公里的移動沙丘，有著又細又白的沙，橫跨俄羅斯飛地加里寧格勒和立陶宛，把庫爾斯潟湖與波羅的海分開。由於庫爾斯沙嘴沒有與立陶宛大陸相連，必須搭渡輪前往。若自行開車，可以將車子直接開上渡輪，也是非常有趣的體驗。

形成過程

看似是自然景觀，它其實是因為人和自然互動而形成的文化景觀。庫爾斯沙嘴形成於五千年前，由冰磧作為基礎，風和海流帶來的沙子使其高於海平面，後來被森林覆蓋。16世紀後，因為人類的過度放牧與密集砍伐，使得沙丘開始向潟湖移動，掩埋了最古老的居住點。

直到19世紀，當地人意識到若不採取行動，這個區域將永遠不再適合居住，於是開始透過打造保護性沙丘脊，和用樹木和灌木籬笆加固等措施，避免內陸沙子移動。一直到今日，立陶宛都還有法律保護和管制這個區域的開發。

自然生態

庫爾斯沙嘴的平均高度為35公尺，但最高可以到60公尺，是歐洲最高的移動沙丘。上頭有草原、森林、溼地、沙灘等不一樣的生態環境，也因為位於東大西洋遷徙路線上，是賞鳥最佳地點，可以觀察到遊隼、紅腿隼、褐鳶和粉紅椋鳥等珍稀鳥類。

度假天堂

沙嘴上最大的城鎮叫尼達(Nida)，是立陶宛最有名的高檔度假地，受到許多本地與外國遊客的喜愛，每年吸引約三萬名遊客前往。儘管遊客眾多，卻沒有過重的商業氣息，可以看到茅草屋頂的原始漁村樣貌，可愛的藝術品，以及令人留連忘返的金色細軟沙灘。

斯特魯維地理探測弧線是測量最準確、最長的子午線弧，對大地測量學、製圖學和天文學的發展具有非常重要的意義，在2005年被聯合國教科文組織納入世界文化遺產，也是最大的跨境世界遺產之一。

立陶宛境內有18個三角測量點

歐洲璞玉——立陶宛

擁有豐富的世界文化遺產

揭開立陶宛的
神祕面紗

圖片提供：©Go Vilnius. Gabriel Khiterer

要認識一個國家，首先得從基本國情下手，這裡從地理、歷史、宗教和經濟等幾個面向，為大家揭開立陶宛的神祕面紗。

破解立陶宛刻板印象

　　大部分人對立陶宛的了解，大概只有它曾經是蘇聯的一員，進而對立陶宛產生一些共產國家的刻板印象。事實上，蘇聯的統治對許多立陶宛人來說並不是美好的記憶，他們也不希望大家的認知總是跟蘇聯或俄羅斯相關。希望藉由解答幾個我常被問到的問題，帶大家一步一步認識立陶宛。

▶ 立陶宛是又小又落後的國家？

　　雖然被稱為波羅的海三小國，立陶宛可一點都不小，它的土地面積將近臺灣的兩倍大。立陶宛在過去是傳統農業社會，在蘇聯時期各地區發展了完善的都市建設，並轉型為工業和服務業國家，脫離蘇聯獨立後的立陶宛經歷了顯著的經濟成長，如今已經非常現代化，是衛生和公共建設都非常良好的已開發國家了。

維爾紐斯的現代建築

▶ 是東歐國家？中歐國家？北歐國家？

　　雖然地理上來說，立陶宛常被認為屬於中歐或東歐國家，但你可能會感到很意外，因為根據聯合國的分類，波羅的海三國—立陶宛、拉脫維亞和愛沙尼亞都是屬於北歐國家喔！

▶ 立陶宛是歐盟成員嗎？

　　立陶宛在2003年舉行入歐公投，取得超過九成同意票後，於2004年加入歐盟，立陶宛也是在同年加入北大西洋公約組織(NATO)。但立陶宛一直到2015年才轉換使用歐元(Euro)，在那之前使用的貨幣是立特(Litas)。

▶ 立陶宛人都很保守和冷漠？

　　如果與其他西方的歐洲國家相比，立陶宛人的確是相對保守和內向，他們通常不會主動與陌生人交談，有些人認為這是蘇聯統治時期的影響，當時的人們怕被鄰居或陌生人舉報有任何反政府的行為，因此總是習慣低調行事，住了幾年的鄰居不打招呼似乎也很正常。不過其實他們都很友善，只是需要先花一點時間認識與相處。想要和立陶宛人交朋友，建議先學幾句立陶宛語，可以加速破冰喔！

▶ 立陶宛是個安全的國家嗎？

　　立陶宛在歐洲國家中絕對是一個相對安全的地方，犯罪率很低，某些社區偶爾會有汽車、財物竊盜的案例，但在觀光區不像其他西歐大國一樣扒手猖獗。不過亞洲面孔在當地比較顯眼，來觀光時最好還是要小心保管自己的財物喔！

▶ 立陶宛人都會說俄文嗎？

　　作為前蘇聯國家，的確中年以上的立陶宛人都會說俄文，年輕人雖然比較少會俄文，但歸功於國民教育，以及與其他歐洲人交流的機會，他們的英文程度普遍都不錯。

▶ 立陶宛人都是金髮碧眼？

　　立陶宛金髮美女很多，但其實許多都是染髮的，立陶宛女生的原始髮色以棕色居多。眼睛顏色雖有藍色、有綠色，但更多的人是淺灰或淺棕色。不過不論頭髮或眼睛的顏色如何，立陶宛帥哥美女真的滿多的喔！

▶ 立陶宛人很愛喝酒？

　　立陶宛在過去的確有人民酗酒的問題，還曾是全球人均酒精消費量最高的國家。許多東歐和前蘇聯國家是主要的酒精消費國，這與歷史上俄羅斯帝國和蘇聯時期的酒精文化有關，當時民眾生活艱難，天氣又寒冷，上至不太富裕的小貴族、士兵，下至農民，都寄情於酒精以忘卻煩惱，到了蘇聯時期，在共產體制下的人民，工作結束後太無聊就是飲酒消遣，是造成人民酗酒的主因。但如今隨著政府的宣導和配套政策，狀況已經改善許多。

立陶宛的酒精飲料有限制購買時間

認識立陶宛

地理位置

位於歐洲大陸的東北方,立陶宛的南邊與波蘭接壤、東邊是白俄羅斯,西方則連接俄羅斯的飛地加里寧格勒,以及大名鼎鼎的波羅的海。從立陶宛一路北上則會經過另外兩個波羅的海國家:拉脫維亞和愛沙尼亞。立陶宛的海岸線只有約90公里,是波海三國中最短的。

立陶宛土地面積有65,300平方公里,將近臺灣的兩倍大,也是波海三國中最大的。立陶宛屬於中高緯度國家,介於北緯53°至57°之間,冬天寒冷常下雪,夏天則風光明媚,四季非常分明。

立陶宛沒有地震、颱風、洪災等會導致生命危害或財損的天然災害,只有寒冷的冬天會奪走一些無家可歸者的生命。

地理小知識

何謂「飛地」?

「飛地」是一種人文地理概念,指的是一個國家在其他國家境內,或是被其他國領土隔開,而不與該國主體相毗鄰的領土。加里寧格勒就是被立陶宛隔開的俄羅斯領土,如果俄羅斯要運送資源到加里寧格勒,都得通過立陶宛的鐵路和管線,因此在2022年烏俄戰爭中還一度成為歐盟制裁俄羅斯的對象。

國號	立陶宛共和國 Republic of Lithuania
首都	維爾紐斯 Vilnius
面積	65,300 平方公里
語言	立陶宛語
人口	280 萬
宗教	羅馬天主教
貨幣	歐元 (Euro)
人均 GDP	23,473 元 (2021) (臺灣約為立陶宛的 1.5 倍)

國旗和國鳥

立陶宛的國旗由黃、綠、紅三個顏色組成，黃色代表的是太陽的光芒，也象徵國家的繁榮；綠色是國家眾多的森林，代表著自由和希望；紅色象徵勇氣，以及為立陶宛犧牲的人民鮮血。

立陶宛國徽是一位白騎士Vytis，騎在馬上並揮舞著劍，象徵著國家為保護自己免受外人侵略而勇敢地戰鬥。

立陶宛的國鳥是白鸛，也就是傳說中的送子鳥。立陶宛人相信白鸛若選擇在一戶人家築巢，則會為那個家庭帶來和諧，因此在郊區也可以看到很多人家故意設置高聳的柱子和平台，希望可以吸引白鸛築巢。

立陶宛國鳥白鸛(圖片提供：©Laimonas Ciūnys_Lithuania Travel)

立陶宛國徽

天然資源

波羅的海三國的天然資源並不豐富，大部分的能源與礦產需仰賴進口。以下這幾項是立陶宛較為充足的天然資源。

木材

立陶宛三分之一的土地面積被森林、國家公園和保護區所覆蓋，因此林業是立陶宛GDP的重要貢獻者。位於溫帶闊葉混合林帶，立陶宛最常見的樹種有歐洲赤松(聖誕樹)、雲杉和樺樹等。

立陶宛森林(圖片提供：©Andrius Aleksandravičius_Lithuania Travel)

農用土地

農業是立陶宛最主要的經濟重心之一，立陶宛有近一半的土地屬於農業用地，因此土地也算是立陶宛的重要天然資源。畜牧業是立陶宛最主要的農業形式，耕種作物則以大小麥、甜菜、馬鈴薯和油菜籽為大宗。

立陶宛穀類作物種類眾多(圖片提供：©Helena Jagello_Lithuania Travel)

大片農地(圖片提供：©Laimonas Ciūnys_Lithuania Travel)

充足的地下水資源

立陶宛是歐洲大陸上少數擁有完全充足的新鮮地下水以供應自來水的國家。相較於湖泊或河流的水源容易被汙染，地下水更為純淨，也因此立陶宛擁有歐洲最乾淨的自來水之一，直接從水龍頭生飲也很安全。

人口與族群

立陶宛人口約280萬人，是波羅的海三國中人口最多的國家。立陶宛人占約85％，還有約各5％的波蘭人與俄羅斯人，近年還多了許多白俄羅斯與烏克蘭移民。

此外，立陶宛歷史上曾經有許多猶太人，二戰前猶太人占了立陶宛人口約7％，但多數人都在二戰期間的猶太人屠殺中不幸遇害。

維爾紐斯老城區的希伯來文路標

考納斯的猶太教堂(Kaunas Synagogue)

立陶宛鐵路與火車

運輸建設

立陶宛位於西歐、北歐和俄羅斯與獨立國家國協區，三個主要大市場的中間，因此成為歐盟的主要交通樞紐，境內有完善的鐵路和公路網絡連接東西方。

如果你是搭飛機抵達立陶宛，迷你的維爾紐斯國際機場應該會讓你印象深刻。維爾紐斯機場建造於1954年，只有一條跑道，每年大約只有500萬人的乘客吞吐量。蘇聯時期的古典主義建築，以及更像是火車站的迷你尺寸，讓維爾紐斯機場成為遊客最有印象的建築之一。

若要從立陶宛往其他歐洲國家移動，歐洲境內有許多廉價航空可以選擇，例如Ryan Air、Wizz Air，鄰近國家也可以考慮通過鐵路或長途巴士前往。

維爾紐斯機場入境航廈

立陶宛最大港口克萊佩達港(Klaipėda)是歐洲北部地區少有的不凍港之一，每年可以處理4,000萬噸以上的貨物，扮演著連接東西方海、陸、鐵路的重要區域交通樞紐的角色。

日常交通

立陶宛說大不大，說小不小，但人口真的不多，最大的城市維爾紐斯市也僅有50多萬人口。因為不符合成本利益，立陶宛沒有捷運或地鐵，市內大眾運輸以公車、無軌電車為主，城市間的移動則主要靠火車與客運巴士。

在歐洲，取得汽車是相對便宜且容易的事，多數立陶宛人都是有車族，且因為入手和保養都比較便宜，很多人開的仍是手排車。機車在立陶宛則非常少見，只有夏天才會看到許多重型機車上路。

電動滑板車這幾年被業者引進立陶宛的大城市，人們可以隨時租用。停在路邊的電動滑板車，對需要短程快速移動的人來說非常方便

歷史 ——
漫漫自由民主路

許多人會以為立陶宛是一個年輕的小國家,其實立陶宛有著相當豐富,甚至可說是可歌可泣的歷史。相信大家看完接下來的歷史概述後,就可以明白為什麼今日的立陶宛人如此勇敢,並看重民主、自由與主權的價值。

14 世紀末維爾紐斯城堡的模樣

部落歷史

立陶宛最早的居民約是在西元一萬年前的冰河後期到達。波羅的海部落的起源雖有爭議,但大概可以追溯到西元前2500年,這些印歐波羅的人來到該地區定居,是最古老的歐洲種族之一。

5～8世紀之間,立陶宛西部領土上形成了包含立陶宛人的幾個部落群,此時的立陶宛人有著崇信自然神靈的原始多神信仰,在基督教世界中成為所謂的

「異教徒」。10世紀左右,波羅的海部落因崇尚異教而成為歐洲天主教傳教的目標。西元1009年,立陶宛(拉丁文Lituae)這個名字首次有書面紀錄提及,被記錄在《奎德林堡編年史》中。

立陶宛大公國
13世紀～1569年

波羅的海地區部族的異教徒名聲,引來西方基督教世界對波羅的海地區發動東征。在條頓騎士團的無情進攻下,許多部族被一一殲滅。當時立陶宛的一位王公明道加斯(Mindaugas)與附近部落結盟,併吞周邊土地,並多次擊敗條頓騎士團,立陶宛才在13世紀初建立起國家

立陶宛國家博物館前的明道加斯像。明道加斯在立陶宛也是非常熱門的名字

維陶塔斯大公也被稱為大帝(Vytautas the Great),是立陶宛最偉大的大公

的型態。

明道加斯作為大公國的第一位統治者，為了緩和因為宗教所產生的衝突，於西元1251年同意皈依羅馬天主教。他在1253年接受教宗加冕之後，成為立陶宛第一位，也是唯一一位的國王。

明道加斯死後，立陶宛大公國的下一任君主將立陶宛恢復成傳統的多神信仰國家，導致國家再次與條頓騎士團陷入長達數百年的衝突。直到1387年，當時的約蓋拉(Jogaila)大公最終接受基督教，結束立陶宛的異教傳統，但此舉仍然沒有阻止基督教騎士們的攻擊。立陶宛人於是與波蘭建立了長期聯盟，最終成功抵抗了條頓人的威脅。

15世紀的立陶宛大公國在維陶塔斯(Vytautas)大公的統治下，成為歐洲最大的國家，領土從波羅的海一直延伸到黑海，今日的白俄羅斯和烏克蘭西部都曾是它的疆土。

大公國時期的盔甲和武器

波蘭-立陶宛聯邦
1569～1795年

為了保護自己免受日漸強大的俄羅斯人攻擊，立陶宛於西元1569年與波蘭締結聯盟，史稱盧布林聯合，兩國正式成為單一聯邦。

然而隨著北方和東方大國的威脅與攻擊，17世紀的波蘭-立陶宛聯邦經歷了「大洪水時代」，在一系列戰役之後被俄羅斯人和瑞典人入侵和占領，後來還經歷了饑荒與瘟疫，導致聯邦失去了近四成的人口。

波蘭-立陶宛聯邦自此開始走下坡，內部還有貴族凌駕君主問題，使得國家無法正常運作。儘管聯邦在末期試圖改革轉為君主立憲制以平衡貴族勢力，但為時已晚。

波蘭-立陶宛聯邦最終被鄰近的三個大國：奧地利、普魯士和俄羅斯三次瓜分後，在 1795 年正式從地圖上消失，立陶宛大公國的領土大多由俄羅斯帝國併吞。

俄羅斯帝國時期至一戰結束
1795～1918年

接下來的俄羅斯帝國統治時期，是立陶宛漫漫獨立路的開端。俄羅斯帝國當時推行俄羅斯化政策，廢除了立陶宛大公國的法規，禁止立陶宛文書籍出版，羅馬天主教會也受到迫害。當時許多人冒著生命危險走私立陶宛書籍，在鄉村私辦立陶宛學校，才讓立陶宛文這個歐洲最古老的語言得以保存到今日。

當地貴族雖在1831年和1863年分別發

起反對俄羅斯統治的起義，試圖恢復波蘭-立陶宛聯邦，但都宣告失敗。

日俄戰爭後，俄羅斯帝國從1904年開始式微。1915年，德軍在第一次世界大戰期間擊退俄羅斯後占領了立陶宛本土。1917年，俄羅斯爆發革命，立陶宛知識分子趁勢發起獨立運動，選出國民大會並在1918年2月16日簽屬法案，宣告立陶宛恢復獨立，並將首都設在維爾紐斯。

立陶宛書籍被俄羅斯帝國禁止，必須在國外印製後走私進去 (翻拍自立陶宛國家博物館)

第一次獨立的立陶宛共和國
1918～1940年

宣布獨立後的立陶宛，仍然承受著來自俄羅斯、德國的威脅，甚至才在戰後重新獲得主權的舊盟友波蘭，也加入奪取立陶宛領土的行列，在1920年占領維爾紐斯，立陶宛只好將第二大城考納斯(Kaunas)作為臨時首都。

此期間立陶宛的民選政府通過憲法，進行土地、教育和經濟改革，並與許多國家建立外交關係。但1926年內部爆發政變，立陶宛的國會被解散，立陶宛成

為東歐最早的獨裁國家之一。

1939年，納粹德國與蘇聯簽訂《德蘇互不侵犯條約》，不久後德軍便入侵波蘭，蘇聯則迅速入侵併吞波羅的海三國，立陶宛的首次獨立在短短的20年後畫下句點。

二戰時期的立陶宛
1940～1944年

二戰期間可以說是立陶宛歷史上最黑暗的時期。蘇聯占領立陶宛期間為了鎮壓民眾的反抗，將教師、商人、知識分子集合起來，強制遣送到西伯利亞的勞改營。

據說在這期間，蘇聯流放了數萬名立陶宛人，且7成是女人和孩童。有許多人在途中就被凍死，倖存的人被迫在惡劣的環境下工作與過著不人道的生活。

1941年納粹德國進攻蘇聯，占領立陶宛。德國的入侵雖然將立陶宛從蘇聯解放，卻也帶來了立陶宛第二次大屠殺。有成千上萬的立陶宛猶太人、吉普賽人、和精神病患者被送往集中營屠殺或直接處決。至二戰結束時，立陶宛總共

納粹於考納斯車站慶祝占領立陶宛(1941年)(翻拍自克格勃博物館)

有近20萬名猶太人被屠殺。

1944年德國戰敗，蘇聯再次占領立陶宛，「立陶宛蘇維埃社會主義共和國」開始被蘇聯統治長達半個世紀的歷史。

1941年二戰時期維爾紐斯的猶太人區(Ghetto) (翻拍自克格勃博物館)

蘇聯時期
1944～1990年

1944年開始，在史達林統治下的蘇聯繼續將立陶宛政治犯驅逐到寒冷的西伯利亞。一直到1953年史達林死後，被驅逐者才得以設法離開，大約只有6萬人最終成功回到立陶宛。在1940～1941年和1944～1990年蘇聯占領期間，總共有大約30萬名立陶宛人被驅逐出境或被關

被流放關押的立陶宛政治犯(翻拍自克格勃博物館)

躲在森林對抗蘇聯的立陶宛游擊隊(翻拍自克格勃博物館)

薩尤季斯(Sajūdis)是當時領導改革的政治組織，領導人為維陶塔斯‧藍斯柏吉斯(Vytautas Landsbergis)，也被認為是立陶宛國父(翻拍自立陶宛國家博物館)

進勞改營，這段可怕的歷史也被認為是蘇聯對立陶宛人的大屠殺。

為了反抗蘇聯的鎮壓，波羅的海三國人民組成游擊隊，共有約5萬人參加，在歷史上他們也被稱為「森林兄弟」(Forest Brothers)。雖然未能成功抵擋蘇聯的統治，但已展現出立陶宛人並非自願加入蘇聯，和他們追求獨立與自由的意志。

1980年代後期蘇聯改革開放之際，立陶宛人獨立運動組織崛起，在全國獲得廣泛支持，也開始有越來越多人敢公開表達自己反對蘇聯，追求自由和民主的理念。

波羅的海之路 Baltic Way

為了讓全世界關注到波羅的海三國被占領的情形，立陶宛、拉脫維亞和愛沙尼亞在1989年8月23日，也是《德蘇互不侵犯條約》簽訂50週年當天，發起了一場大規模的和平示威。在那個沒有智慧型手機的年代，大概有200萬人加入這場活動，三國人民用手牽手的方式，串起了一條跨越三國、超過675公里的人鏈。

這場前所未有且壯觀的示威活動成功地取得國際間的關注，也帶給蘇聯壓力，但蘇聯並沒有採取任何建設性的行動緩和民眾的情緒，導致下一場關鍵性的衝突。

波羅的海之路(翻拍自立陶宛國家博物館文宣)

波羅的海之路(翻拍自立陶宛國家博物館格迪米納斯城堡分館)

一月事件與最終的獨立

1990年3月11日，立陶宛議會通過立陶宛復國法案，宣布脫離蘇聯獨立。蘇聯在1991年1月11日派出軍隊和坦克車至立陶宛，打算透過武力鎮壓方式逼迫立陶宛放棄獨立。當時數萬民的立陶宛人民自發聚集，守衛會議大樓、電視塔、廣播電台等地點，圍成人牆抵擋坦克車。

蘇聯軍隊一度向守衛維爾紐斯電視塔的民眾開火，最終導致14人死亡，但立陶宛人沒有屈服，反而人群越來越多。隨著許多國家對蘇聯侵略發出的譴責，和國際上的壓力，蘇聯停止攻擊。同年2月，冰島率先承認立陶宛獨立，並和立陶宛建交。蘇聯終於在9月承認其獨立，立陶宛帶頭成為蘇聯15國中第一個脫離而獨立的國家，終於獲得自由與主權，也導致蘇聯在1991年12月解體。

一月事件電視塔前的守護活動以及犧牲者
(翻拍自克格勃博物館)

立陶宛的獨立紀念日

你知道立陶宛有兩個獨立紀念日嗎？了解立陶宛不斷被占領的歷史後，相信你不會對這點感到驚訝。立陶宛兩個紀念獨立的國定假日分別是慶祝1918年從俄羅斯帝國獨立的2月16日，和1990年從蘇聯獨立的3月11日。

經濟——
出口貿易與優勢產業

圖片來源：©Kaunas FEZ

雖然也是歐洲國家，立陶宛的經濟在蘇聯的共產制度下，發展受到限制，因此相對於其他西歐國家，立陶宛的經濟稍微落後。但2000年開始，波羅的海三國經歷了顯著，且比其他歐洲國家快速的經濟成長，因此被譽為「波羅的海之虎」。

立陶宛主要的貿易國家為俄羅斯(2021年還未被經濟制裁以前)、拉脫維亞、德國和波蘭。但相信大家都很好奇，立陶宛這麼小的國家，主要出口什麼東西呢？

家具和木材加工

立陶宛生產高品質家具，加上森林資源豐富，木材加工產業也很成熟，是立陶宛出口的主要項目之一。小小的立陶宛其實還是宜家(IKEA)在全球的第五大供應商呢！

雷射產業

立陶宛擁有領先全球的雷射技術，是他們的關鍵產業，全球一半以上的皮秒雷射光譜儀 (pico-second laser spectrometers)

市場都屬於立陶宛。這些產品主要出口到中國、美國和德國，應用於半導體製造、醫療、汽車和衛星等產業。

食品加工業

說到立陶宛，臺灣人最先想到的大概就是立陶宛啤酒和露特巧克力了。食品部門的確也為立陶宛創造很大價值。立陶宛最發達的食品加工子行業是乳製品、肉類和穀物加工。

資通訊科技(ICT)

除了傳統產業，立陶宛也是一個快速發展的資訊和通訊科技(Information and Communication Technology)中心。因為擁有先進和完善的基礎設施、高科技人才以及相對較低的人事成本，近年來立陶宛吸引了許多國外投資人來此設立新創公司。

物流與運輸

除了處於歐洲配送中心的優越地理位置，立陶宛有著發達的物流基礎設施，

近年新創公司大幅增加，維爾紐斯多了許多現代的辦公大樓(圖片提供：©Go Vilnius. Augustas Didžgalvis)

還有創新的物流系統解決方案，這些優勢讓物流與運輸業成為立陶宛的重要產業，也為立陶宛GDP帶來很大的貢獻。

當地薪資和消費水準

立陶宛在歐洲屬於薪資低，消費水準也比較低的國家。立陶宛2022年的法定最低薪資為730歐元，稅後為518歐元(約台幣15,840元)，2022年平均稅後薪資約1,052歐元(約台幣32,170元)，相較起來比臺灣低許多，但食品雜貨的物價其實跟臺灣差不多。

這裡為什麼會強調稅後薪資呢？因為立陶宛也是高稅收國家，工作合約上的稅前薪資(gross salary)需要扣掉30～40%的稅才會是到手的薪水，稅前稅後差很多，所以在講收入時會特別提到稅前還是稅後薪水。

不過立陶宛的房價就親民許多，即使是在首都維爾紐斯，20～30坪的新公寓通常也不會超過一千萬台幣，很吸引人對吧？不過要注意的是，在立陶宛無法因為置產而取得居留權喔！若對立陶宛房地產和價格有興趣，可以逛逛立陶宛最大的房地產網站，看看立陶宛的房屋與設計風格。

🌐 en.aruodas.lt

宗教：
歐洲最後一個異教國家

　　立陶宛是歐洲最後一個皈依基督教的國家。14世紀以前，立陶宛地區的部族相信神話與民間傳說，信仰的神靈都與大自然有關，譬如：閃電、火、太陽和月亮，因為與當時主要的宗教不同，這種多神信仰也被稱為「異教」(Paganism)。

　　當時的立陶宛大公國為了與波蘭王朝聯姻，最終於1387年皈依成為羅馬天主教國家，是歐洲最晚接受基督教的國家。在兩次世界大戰期間，立陶宛是個非常虔誠的地區，但因為蘇聯占領期間推行的反宗教政策，立陶宛有近500座教堂被迫關閉或變成倉庫。

　　今日的立陶宛有八成以上人口是天主教徒，但已不像過去那麼虔誠，現在固定上教堂的立陶宛人也比較少，婚喪喜慶還是會採天主教傳統儀式舉行。

　　立陶宛的第二大宗教為東正教，由約5％的當地俄羅斯人信奉。另外還有伊斯蘭教與猶太教，雖然占的人口不多，但其教徒們在立陶宛生活了數百年，對立陶宛的歷史和文化也有一定的影響。

立陶宛異教女神 Medeina 是森林和動物的統治者

　　另外，現代立陶宛社會還是有些過去異教文化的色彩被傳承下來，例如接下來會介紹到的一些節日與慶典，還有立陶宛人的命名。直至今日，還是有許多人的命名與古代神話的女神或是與自然有關，例如Milda是愛情女神；Rasa是夏天和花卉女神；Gabija是火之女神。

聖卡瑟琳大教堂(圖片提供：©Go Vilnius)

考納斯的「雷神之屋」(House of Perkūnas)據說曾是異教徒供奉雷神的地方

政治與外交

半總統制

　　立陶宛1990年獨立後採取「半總統制」體系，又稱為雙首長制，兩個首長分別是總統與總理，是一種綜合總統制和內閣制的系統。

　　立陶宛總統為國家元首，由人民直選產生，每屆任期5年，最多可連任兩屆。在議會的批准下，總統負責任命總理，接著根據總理的提名，總統任命各部的部長。總統還負責一些特殊的行政職責，例如監督外交和安全政策、在必要時宣布緊急狀態、審議國會通過的法律等等。

　　另一方面，總理則負責國家事務，維護國土安全，執行議會的法律和決議，與國際組織保持外交關係。簡單來說，總理主要負責國內政策，而總統主要負責外交政策。

　　立陶宛的議會(Seimas) 是國家的立法機構，由 141 名議員組成，每屆任期 4 年。此外，立陶宛有將近30個政黨，這種多政黨制度可以避免單一政黨有機會單獨獲得權力，而政黨們必須合作以組成聯合政府。

外交政策

　　立陶宛自恢復獨立以來的對外政策是「遠離東方(俄羅斯)，加入西方」。事實上，美國為了阻止俄羅斯影響力在歐洲蔓延，對位於第一線的波羅的海地區的情勢相當關心。立陶宛也因此走親美路線，並在2004年加入北大西洋公約組織(NATO)，希望確保自己在美國的地緣戰略中取得一席之地。

維爾紐斯市政廳牆上的匾額，紀念美國前總統小布希於2002年拜訪立陶宛於演講時說的話：「任何選擇立陶宛為敵的人，也等於與美國為敵。」

立陶宛議會

難能可貴的臺立友好關係

2021年11月，「駐立陶宛臺灣代表處」在立陶宛不顧中國反對和施壓下，正式掛牌運作，成為第一個在歐洲以「臺灣」名義設立的代表處(在非邦交國的代表處通常會命名為「臺北經濟文化代表處」、「臺北代表處」等)。許多臺灣人因此感到好奇，一個遠在八千公里外，看似沒有任何交集的國家，為什麼會冒著得罪中國和經濟損失的風險，為臺灣挺身而出？

對中國的負面觀感

回顧立陶宛的歷史，不難想像立陶宛人對共產政權原本就感到反感。2019年香港反送中社會運動爆發，上百名立陶宛人在波羅的海之路紀念日8月23日當天，聚集在維爾紐斯大教堂廣場，以重現當年和平示威的方式向香港表示支持。當天數十名在立陶宛的中國人在中國駐立陶宛使館的默許下，帶著中國的國旗到場進行反示威造成騷亂，引來立陶宛民眾的不滿。而在此之前，立陶宛已對中國在經濟合作方面有越來越多的不認同，並對中國的人權價值感到質疑，兩國關係也越來越差。

臺立兩國患難見真情

2019年新冠疫情全球大爆發後，歐洲很快地陷入確診數暴漲、防護裝備與口罩不足的困境。在當時全世界都缺口罩的時候，臺灣雪中送炭，送了10萬枚口罩，讓立陶宛人十分感激，也越來越多人認識臺灣這個友善的國家。

2021年中，臺灣爆發第一波本土疫情，在急需疫苗的狀況下，立陶宛兩度捐贈臺灣共計約26萬劑AZ疫苗，是歐盟第一個捐贈疫苗給臺灣的國家。立陶宛外交部長藍斯柏吉斯 (Gabrielius Landsbergis) 還說出了讓人印象深刻的話：「熱愛自由的人們應該要互相照顧！」兩國良好的互動讓關係越來越緊密，促進了之後更多的貿易往來與合作。

相似的背景，一樣的價值觀

最重要的一點，是立陶宛與臺灣有很多相似之處。對於同樣生活在龐大鄰國旁邊，不時感受到威脅的立陶宛來說，他們感同身受臺灣的處境，而臺灣想守護的民主和自由正是他們最重視的價值觀，這也是為什麼立陶宛會如此支持臺灣的主要原因。

立陶宛人文采風

立陶宛溫帶大陸性濕潤氣候區，四季分明，因大自然的顏色變化展現截然不同的面貌，值得遊客們在不同季節來訪欣賞。這篇帶大家從立陶宛的四季之美、人文特色以及有趣的熱鬧節慶來了解他們的文化與生活。

立陶宛的櫻花公園

春天
迎接希望的

熬過了漫長的冬天，氣溫來到保持「零度」以上就表示立陶宛的春天來了。你沒看錯，立陶宛的初春大概只有0～10度，有時候甚至到4月還會下雪，大概5月開始才會比較穩定保持在10度以上。儘管氣溫還是偏低，但融雪後終於再次顯露的綠色景象，和越來越長的日照時間，都讓人感到充滿希望。

播種季節

在過去物資不豐饒的年代，立陶宛家家戶戶都會自己種些番茄、小黃瓜等蔬菜，尤其是住平房的立陶宛人，通常都會有自己的溫室。為了在夏天收成，春天就得開始播種。溫室蔬菜得先在室內用容器種植長成到一定大小，戶外溫度和土壤溫度合適以後才能移到溫室。

立陶宛日夜溫差大，需要有溫室種植植物

3月底的立陶宛還是經常有雪

杉原千畝先生

二戰期間杉原千畝先生在立陶宛任職，當時冒著生命危險且違反日本規定，簽發了大量的過境簽證給躲避德國納粹的猶太人，因此拯救了數千名猶太人。

郊遊賞櫻花

　　位在維爾紐斯白橋(Baltasis Tiltas)邊、立陶宛第二長河涅里斯(Neris)河畔的櫻花公園(Chiune Sugihara Sakura Park)有一大片櫻花樹。立陶宛當然沒有土生土長櫻花樹，這些樹是在2001年由日本早稻田大學贈送給立陶宛的，為了紀念曾經擔任立陶宛代領事，並拯救了超過6,000名猶太人的校友杉原千畝先生。

　　這裡的櫻花樹大概是在4月底開花，花期約只有兩週，許多人會抓緊這短短的櫻花季，前來賞櫻拍照打卡。準備在春天來訪立陶宛的朋友可以留意一下，幸運的話還可以在歐洲國家感受一下日本風情呢！

櫻花公園(圖片提供：©Go Vilnius. Gabriel Khiterer)

左：國慶日慶典／下：聖加西彌祿露天市集

享受慶典活動

　　隨著天氣轉暖，越來越多的活動在戶外展開。熬過了大部分時間得待在室內的冬天後，立陶宛人當然會好好把握走出戶外的機會。這個季節的維爾紐斯有春天電影節(Kino Pavasaris)、盛大的聖加西彌祿市集(Kaziuko mugė)(詳見P.67)、國慶日遊行、對岸共和國獨立日慶典等活動，還有對立陶宛人非常重要的復活節也是落在春天，各式各樣的慶典為立陶宛人的春天增添許多活力。

波羅的海海水即使在夏季也非常冰冷，但立陶宛人都會在夏天拜訪海邊至少一次

夏天

充滿活力的

立陶宛因為緯度較高，夏天的日照時間一天可以達到17個小時，太陽到晚上9、10點才下山，溫度平均在舒適宜人的20幾度，即使有幾天可以達到30幾度，也是乾熱的天氣不會讓人感到不舒服，立陶宛人會把握這幾個月進行戶外活動。

呼朋引伴愛烤肉

立陶宛人喜歡與家人朋友聚會，夏天的聚會經常就是在戶外烤肉，不論是在公共湖邊或是自家庭院。與臺灣常見的烤肉片不同，立陶宛人吃的是俄羅斯烤肉串，在前蘇聯國家非常普遍，而在立陶宛叫做Šašlykai。Šašlykai，也跟中東烤肉串相似，通常烤的是醃製的豬肉或雞肉塊，會搭配白米飯食用。

美味的立陶宛烤肉串

旅行出遊好時節

除了水上活動，夏天是最適合出遠門的季節。立陶宛人會趁著孩子們放暑假時使用自己的年假，走訪其他城市景點，或前往波羅的海海邊度假。近年來，飛往土耳其或埃及等地消費較便宜的國家度假，也成為越來越多立陶宛人的選擇。

水上活動

夏天最常讓人聯想到的就是玩水，對立陶宛人來說也不例外。立陶宛有大大小小近3,000個湖，夏季天氣比較熱的時候，就會前往附近的湖邊游泳和曬太陽。立陶宛全境還有超過6萬公里的河道路線適合划獨木舟，對於熱愛大自然的立陶宛人們來說，順著河流享受幽靜、綠意盎然的沿途風光也是非常受歡迎的夏天活動。

獨木舟探索立陶宛大自然

參加婚禮派對

立陶宛人的傳統婚禮通常持續兩天一夜，白天的教堂婚禮後，新人會接著走幾個景點拍婚紗照，傍晚接著派對宴客，狂歡直到隔日，因此大家都會選在天氣溫暖且日照長的夏天舉辦婚禮。對立陶宛人來說，一個夏天參加好幾場婚禮是稀鬆平常的事。

左：自家院子種的藍莓／右：一到夏天，幾乎每個超市前會有水果攤販，販售當季本地採摘的水果

教堂婚禮

莓果盛產季，採莓樂趣多

莓果是最受立陶宛人喜愛的水果，住平房的立陶宛人通常會在自家院子裡種些莓果，到了夏天就是莓果採收的季節。除了自家庭院，熱愛大自然的立陶宛人們也喜歡到森林裡採野莓，立陶宛常見的莓果有覆盆莓、藍莓、蔓越莓和黑加侖等，趁此時盡情享用這些當季的新鮮莓果，還會將它們製成果醬，保存下來做甜點烘焙，或是加到燕麥粥食用。

修繕房屋、庭院好時機

儘管立陶宛人會把握大部分的夏日時光來享樂和遊玩，夏天也有很多工作得做。傳統立陶宛人家住的都是有院子的平房，立陶宛人很注重面子和生活品質，因此除了每週都得除草保持院子美觀以外，還會趁夏天進行房屋維修、保養或是美化的工作。

秋天的立陶宛非常詩情畫意

秋天

慶祝收成的

立陶宛的夏天非常短暫，8月進入夏天尾聲，氣溫就開始逐漸降低，日夜溫差變大，看到綠色的視野漸漸轉黃，就知道秋天真的來了。立陶宛秋天景色非常美麗，原本蔥綠的大片樹林會換上黃色、橘色和紅色漸層交錯的色彩，非常多樹木和森林的立陶宛變得處處如畫，也是非常適合旅遊的季節。

開學大日，送花束給老師

秋天的第一天9月1日正好也是立陶宛的開學日，育有14歲以下孩童的在職家長們，可以享有半天的法定有薪假，陪孩子們參加開學典禮，可見這天的重要性。立陶宛的學校沒有制服，開學日這天學生們會穿上較為正式的服裝，每位學生也都會帶上一束花送給老師。

秋收農忙

蘋果

　　立陶宛人說「當第一顆蘋果掉下來時，秋天就來了。」臺灣在高山上才有的蘋果樹，在立陶宛非常常見，甚至路邊就可以採到免費的蘋果。院子裡有蘋果樹的人家，得在這時採摘熟成或是撿拾已掉落到地上的蘋果，採收的蘋果會留著直接吃以外，還會自製蘋果汁、烤蘋果派，做成果醬或「蘋果起司」(詳見P.83)等等。除了蘋果，梨子、桃子和李子等也是立陶宛在秋天收成的水果。

馬鈴薯

　　馬鈴薯可以說是最受立陶宛人歡迎的蔬菜了，幾乎每個農村都會有人種馬鈴薯，到了9月要收成的時候，農地主人就會邀請鄰居和親戚一起來幫忙採收馬鈴薯。

　　馬鈴薯的收成需要先利用拖拉機將馬鈴薯從地底翻出來，再人工將馬鈴薯一顆一顆撿起來裝袋。與其說是辛苦的農務活，立陶宛人認為馬鈴薯收成日更像是一年一度的家庭聚會活動。

穀物

　　立陶宛傳統是農業立國的國家，現在在鄉村地區還是有許多農夫。他們會在8、9月時收割春天種下的麥子，將作物出售或貯藏。種植冬麥和黑麥的農夫，則必須在秋天進行播種。

上：秋天成熟的蘋果／中：馬鈴薯採收／下：準備冬麥種植／右上：秋天收成的麥子

森林採蘑菇

　　採蘑菇是立陶宛最受歡迎的秋季活動之一。8月底開始就可以看到立陶宛的森林裡有許多「武裝」著小刀和竹籃的人，家人和朋友們也會比賽誰採到最多或最大的蘑菇，因此這項活動還被戲稱為僅次於籃球的國家運動。

　　立陶宛森林裡有非常多種類的蘑菇，除了最受歡迎的牛肝菌菇、紅菇、雞油菇、松乳菇外，當然也有一些有毒蘑菇。這個時期還可經常看到一些「蘑菇獵人」在超市外頭擺攤販賣他們的戰利品喔！

右：種類豐富的野菇 (圖片提供：Milita Padleckytė)／下：降雨充足的秋天所豐收的蘑菇 (圖片提供：Agnė Mileikaitė)

遇到好天氣可以看到閃閃發亮的雪

冬天 又愛又恨的

立陶宛的冬天雖然是從12月開始，但通常第一場雪在11月就來臨，直到隔年3、4月，嚴格來說冬天可能就占了大半年。但隨著地球暖化，近年的冬天已經越來越暖，大部分時間都不會低於零下10度，只有一兩週會到近零下20度的氣溫。當然，對喜歡親近自然的立陶宛人來說，寒冷的冬天完全沒有帶來阻礙。雖然在戶外的時間被迫縮短，但立陶宛的冬天還是有許多有趣的活動。

雪上活動

在冬天，厚厚的雪地就是最好的遊樂場。打雪仗、堆雪人，或是帶上滑雪板和雪橇工具，到附近公園或有稍微斜坡的地方，大人小孩都可以玩得不亦樂乎。立陶宛雖然不像瑞士或奧地利那樣有山脈形成的滑雪勝地，但在維爾紐斯就有小滑雪場可以滑雪，花費也不貴，在冬天是相當受歡迎的活動。

立陶宛小孩們特別喜歡冬天

湖上溜冰

立陶宛人非常懂得利用和享受大自然的資源，夏天最愛的湖泊，到了冬天就轉變成人們的天然溜冰場。立陶宛著名觀光景點特拉凱湖中城堡是最受歡迎的湖上溜冰地點，感受刺激的同時還可以欣賞童話般的美景，連在湖面上走路都很夢幻，吸引許多外國觀光客前來。

特拉凱的湖面通常到2月會結成厚厚的冰層

桑拿浴

和北歐人類似，立陶宛人也有桑拿文化。在過去，經濟上許可的立陶宛人家會在自己的房子內打造一間桑拿房在冬天使用，而在當地也有許多可以做桑拿浴的度假地點。

傳統立陶宛桑拿儀式得從進桑拿房進行放鬆開始，接著跳入河流或湖水中游泳降溫後，再次進入桑拿房。講究一點的儀式需要進出桑拿房4次，一趟下來可能會花上4個小時呢！

冰上釣魚，需要的器具　　豐富的漁獲

冰上釣魚

立陶宛喜愛釣魚的人並不是很多，但到了冬天，幾乎每座湖都有人在冰上釣魚，因為夏天只能在湖邊釣魚的民眾，到了冬天，湖面結冰就是前往湖中心釣大魚的好時機。

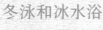

冬泳和冰水浴

冬泳雖然不是大多數立陶宛人會做的活動，但特拉凱市每年舉辦冬泳活動都會吸引到許多人的目光。在偌大的湖面挖上一個長25米的泳道，光看就讓人發寒。另外，每年1月19日，立陶宛的東正教徒也會到湖邊做冰水浴慶祝耶穌受洗節，又稱主顯節，他們相信冰水可以淨化人的靈魂，也有一部分的人做冰水浴是單純覺得可以強健身體。

上：特拉凱的冰泳活動／右：東正教冰水浴的洞

社會人文風情

民族特性與生活習慣

我們都聽說西班牙人熱情如火，法國人浪漫高傲，德國人嚴謹穩重，那立陶宛人呢？立陶宛人看似沒有極端的外顯性格，但從一些小地方和他們的生活態度，還是可以看出民族個性喔！

傳統立陶宛人個性較為內向，比較不會主動與陌生人攀談寒暄，因此要與立陶宛人當朋友可能得多花一點時間相處，一旦他們和你成為朋友，會發現其實他們個性直接、友善，樂於向你介紹他們的國家與文化，也樂意提供幫助。近10年來，越來越多外國人來到立陶宛留學、工作或旅遊，整體的社會氛圍對外國人越來越開放和友善了。

如何和立陶宛人打招呼？

在立陶宛文化中，最常見的問候方式是握手，加上直接的眼神交流和微笑。關係較熟的朋友或親戚，通常打招呼方式會更親密，例如擁抱和親臉頰。

立陶宛國慶日人們會用國旗裝飾車子或房子

壓抑的民族

　　立陶宛曾是全球自殺率最高的國家，背後的原因有許多，例如令人感到抑鬱的冬天氣候、當時困難的生活條件、酗酒問題以及蘇聯解體後的巨大環境變化等。還好如今隨著生活條件和社會環境的改善，以及專業人士提供的幫助，立陶宛的自殺率已經逐年下降。

愛國與自豪的民族

　　立陶宛人對自己國家為自由抗爭的歷史感到非常驕傲，也非常愛國，在每年國慶日更可以明顯地感受到這點，許多人會自動自發在房子旁、陽台窗邊或是車上掛上立陶宛國旗，對於參與首都大街上的遊行也非常積極。

重視家庭

　　和臺灣類似，立陶宛也正經歷著少子化的現象，一家四口的核心家庭是最常見的模式，家庭對多數的立陶宛人來說是最重要的一部分。立陶宛人大多與自己的父母與手足保持著經常交流和聚會的緊密關係，感情都很要好。

立陶宛人對自己的國家感到驕傲

男女生的名字如何辨別

立陶宛文有陽性和陰性兩種語法性別，因此從人名就可以看得出來是男生還是女生，立陶宛女性名字以ė或a結尾，而男性名字則是以as、is或us結尾，像立陶宛著名的幾位大公的名字Mindaugas、Gediminas和Vytautas。

立陶宛有許多大型建材行

夢想自己蓋房子

對立陶宛人來說，最棒的房子就是自己蓋的房子。傳統一點的立陶宛人寧願花好幾年的時間，自己打造最理想的房子。而且有趣的是他們會邊存錢邊蓋，因此蓋好一間房子花上個三、五年都很正常。不過隨著立陶宛都市化，現代年輕人多選擇居住在公寓了。

熱愛自己修理東西

中年以上的立陶宛人喜歡自己修理東西，而且也非常在行。幾乎只要是住平房，擁有車庫的立陶宛人都會有一面自己的工具牆。從汽車維修到房屋修繕，能自己來的就不假他人之手。這與蘇聯統治下的影響有關，當時沒有這麼多提供服務的技術工人，加上經濟拮据，造就了立陶宛人什麼事都自己來的個性。

自己修理車子

務實不崇尚奢侈品

走在立陶宛街頭，你會發現立陶宛人注重打扮，但卻很少看見我們熟悉的精品名牌。一方面是因為立陶宛市場小，精品品牌在這裡並沒有店面，一方面也是跟過去物質生活不富裕有關，立陶宛人並不崇尚名牌和奢侈品，如果有多餘的錢，他們寧願花在可以提高生活品質的用品上或是旅遊度假。

金錢觀念

傳統立陶宛人有儲蓄的概念，他們關心自己的未來，會存錢以備不時之需。在過去，貸款被認為是不健康的財務管理方式，但如今隨著房價越來越高，房屋貸款的使用已經非常普遍。

對女性非常紳士

蘇聯時期雖然給立陶宛人帶來很多傷痛，但不可否認的是他們也帶來一些正面的影響，其中一點是對男女平等的提倡，因此這些前蘇聯國家對婦女權利的重視甚至比其他歐美國家來的更早。

除了尊重以外，立陶宛男生們對女性也非常紳士，受到從小家庭教育和成長環境的影響，他們會主動幫女士們開門，搬運重物，禮讓女士優先進出等等。

注重禮儀

立陶宛人注重儀容，在外穿著不隨便，除了海邊度假區，即使是在夏天也很少有人直接穿夾腳拖出門。就算只是去附近超市，也會換上合適的外出服。打嗝打出聲或是沒有掩嘴，或是用餐發出的咀嚼聲，對立陶宛人來說也是非常沒有禮貌的喔！

大部分立陶宛人的家裡也非常整齊乾淨，「家」是生活中最重要的空間，因此他們講究生活美感，會用居家飾品或每週買上一束鮮花裝飾家裡。通常他們還會有一套特別漂亮的茶具和餐具，專門在客人來訪時設宴使用。

重要的三月八日婦女節

每年三月八日的國際婦女節是前蘇聯國家們非常重視的一個節日，男生們都會買花或巧克力等小禮物送給身邊的女性同事或是家庭成員，花店在這天的銷售可能比情人節還好。

立陶宛人喜歡用藝術品或陶器裝飾家裡

立陶宛對居家裝飾相當重視

立陶宛人的迷信文化

立陶宛過去信奉的「異教」(詳見P.33) 是一種多神信仰，他們相信人類世界受到自然界中的神和女神的影響和統治，因此立陶宛流傳著許多古老的迷信，代代相傳到今日仍在實踐中。這裡分享10個立陶宛人有趣的迷信，有些奇怪有些可愛，若來到立陶宛可要記得入境隨俗，避免壞運氣喔！

迷信 1 室內往上爬的蜘蛛帶來好運

對於怕蜘蛛的朋友知道這點迷信可能會感到為難。在立陶宛，如果在室內看到往上爬的蜘蛛，那代表著好運所以不可以殺牠，如果是往下爬的蜘蛛就沒關係，不過還好立陶宛的蜘蛛體型都不會太大，沒那麼嚇人。

迷信 2 說錯話要敲木頭

有點類似臺灣人在說了不吉祥的話以後會說「呸呸呸」，立陶宛人則會敲木頭三下，避免說的話成真。

迷信 3 包包不能放地上

立陶宛人認為包包不能放地上的原因可不是怕髒或怕病菌，而是這樣做的話，你的錢會從包包裡溜走喔！

迷信 4 不能在室內吹口哨

這點和臺灣的迷信一樣，立陶宛人認為在室內吹口哨會招喚來惡魔，或代表你是要來偷東西的。

迷信 5 不能在門檻的另一邊與人握手

如果有機會拜訪人家家裡，必須與主人同在門外或移至門內再與對方握手或擁抱，因為根據古老的傳說，守護家裡的神靈藏在門檻下，如果兩人分別在門檻兩邊打招呼會干擾神靈，為彼此關係帶來不好的影響。與朋友並排走路時，如果遇到路牌或柱狀物時，要兩個人一起從障礙物的同一邊經過，如果一人走一邊也會破壞感情喔！

迷信 6 單身女性不能坐在桌角

立陶宛傳統人家的餐桌通常是方桌，在聚餐或慶祝場合，單身女性不能坐在桌角，不然會繼續單身7年無法結婚。

迷信 7　忘記帶東西而返家會招來壞運

對於常忘東忘西的人來說，這可能是個壞消息，立陶宛人認為若忘記帶東西而返家會招來壞運，不過有種方式化解，那就是在返家拿好東西再次出門前先照一下鏡子。

迷信 8　送花必須是單數

在立陶宛，要拜訪人家家裡或是各種慶祝場合經常會送花，送花禮儀和臺灣類似，花束中的花朵數必須是單數，雙數或白色的花朵是葬禮用的。

迷信 9　在窗外掛肥肉會帶來好運

有些住在農村、特別迷信的立陶宛人家會在冬天時，在外頭放上一些肥肉或是豬皮給鳥吃，因為他們相信鳥兒們前來也會將好運帶過來。

迷信 10　敬酒時要看著對方的眼睛

在亞洲文化中，直視對方眼睛似乎是一件失禮的事情，尤其對象是長輩時。在立陶宛與人敬酒碰杯的時候，一定要直視著對方的眼睛，否則會導致失和或帶來壞運氣。

重視休閒娛樂

立陶宛人非常注重工作與生活間的平衡，休閒時間是他們生活中非常重要的一部分，除了前面提到的季節性活動外，還有許多日常休閒娛樂活動。

散步踏青

不論是在自家旁的街區、市區，還是遠一點的林間步道，立陶宛人最愛的休閒活動應該就是散步，即使是氣溫寒冷的冬天，只要天氣晴朗，他們就會想出門走走呼吸新鮮空氣。

河邊散步與騎腳踏車

Wakeboarding滑水運動 立槳水上活動(圖片提供：© Go Vilnius)

熱愛健身運動

　　對於立陶宛這樣的小國來說，他們的體育成就確實令人敬佩，而這也不是沒有原因的。立陶宛人喜歡運動，除了常見的球類運動，還有湖邊的立槳、滑水運動，騎自行車、慢跑的人也隨處可見，許多都市人也有上健身房的習慣。

觀賞運動賽事

　　立陶宛人除了喜歡運動，也喜歡觀賞運動賽事。三五好友相約，或是帶著小孩到現場看場籃球、足球或曲棍球賽是立陶宛人常做的休閒活動。若遇上國際賽事，有轉播賽事的餐廳和酒吧更是一位難求。

舉重運動比賽

逛街購物

　　當地人常自嘲說下雨的時候，所有的立陶宛人就會到購物中心，如果說逛街購物是他們的休閒活動一點也不為過。立陶宛的購物中心除了商店，還有餐廳、咖啡廳和其他如電影院、溜冰場、保齡球館等娛樂設施，在購物中心裡待上幾個小時也是他們常做的週末休閒娛樂。

立陶宛國家劇院

劇院表演

立陶宛劇院文化的發展相對較晚，在1918年獨立後立陶宛才建立了專業的國家劇院。在蘇聯占領時期，劇院可以透過戲劇表演，用隱晦的方式批評政府而受到民眾的歡迎。如今在立陶宛有超過50個專業級的劇院，演出歌劇、音樂劇和芭蕾等表演，一些熱門表演的門票常常很快就售罄。

養生度假小鎮

立陶宛有幾個著名的養生度假小鎮，例如德魯斯基寧凱(Druskininkai)和比爾什托納斯(Birštonas)，這兩個小鎮以豐富礦物質的水源聞名，在那裡有許多度假村提供水療、泥巴浴、三溫暖或按摩等設施，是立陶宛人休假時前往放鬆充電的好地點。

近郊度假

大多數住在維爾紐斯或考納斯等大城市的立陶宛人，其實都是從其他小城鎮移居來的，因此他們常在週末離開都市，回到鄉村的父母家。許多立陶宛人也會在大自然環繞的郊區置產「夏日小屋」(Sodyba)，作為他們的休閒去處。

多元的藝文活動

主要城市有許多不定期的藝術展覽、音樂節、演唱會、戶外表演等，類別相當豐富，幾乎每天都有不一樣的活動可以參加，許多還是免費的。另外，博物館也是立陶宛人週末常去的地點，維爾紐斯有超過10座國有博物館，每個月的最後一個星期日開放免費入場，總是吸引許多民眾。

音樂會

免費演唱會

育兒文化

立陶宛生活步調緩慢，即使生活在都市也很容易接觸到大自然，加上提升生育率和支持家長的政策，是非常適合育兒的環境。

政府補助鼓勵生育

和臺灣類似，立陶宛也有一次性的生育給付和生育獎勵金，另外每個小孩18歲以前每個月有73.5歐元的育兒補助，雖然金額不大，但對平均薪資約一千歐元的立陶宛人來說，這個補助零用金對家長來說是不小的幫助。

1～2年的有薪育嬰假

除了前面提到的津貼，立陶宛父母還可以選擇1～2年的有薪育嬰假，如果選擇請假1年，每個月有近八成薪的社會保險補助；如果選擇請假2年，第一年每個月有五成薪、第二年每個月三成薪的補助。此外，立陶宛的企業提供職員育嬰假後的工作保證，因此在小孩滿2歲以前都是家長自己照顧，很少在生完小孩後就馬上回職場工作，保母這個職業在這裡比較少見。

百貨公司的兒童空間

餐廳兒童遊戲區

立陶宛有非常多的親子設施

友善的孩童環境設施

這裡裝置著盪鞦韆、溜滑梯、沙堆等設施的小型公園非常多，新建的社區也都一定會規畫小孩遊玩的空間。此外，大多數的餐廳都有兒童遊戲區，一般百貨公司也都有設置特別給兒童使用的廁所或洗手台，對孩童非常友善，對家長來說也很方便。

立陶宛家長鼓勵孩子們從事運動

包容性高的育兒觀念

雖然每個家庭不一樣，但大部分立陶宛人在育兒方面相對放鬆，也比較少「管教」，普遍民眾對小孩的容忍度也比較高。許多臺灣父母覺得調皮或是「會弄髒」的行為，例如在泥巴水坑玩耍、在戶外爬上爬下等，在立陶宛家長眼裡都是小事，因此會放手讓小孩盡情玩耍。

放手養出獨立的小孩

在臺灣，如果小孩獨自在外面卻沒有家長陪同，一定會引起別人的關心，但在這裡很常見。可能因為環境相對安全和單純，這裡的家長很放心讓小孩獨自在家附近與朋友玩、搭公車上下學，甚至自己去商店買東西。

在學業方面，立陶宛的家長不會給小孩太多的壓力。小學孩童下課後可以繼續留在教室玩或做功課，或是選擇參加一些在校區的課外活動，例如：籃球、足球、音樂、西洋棋等，如果有家長同意，即使是低年級的學童們也可以自行離校返家，這樣的自由性也是讓立陶宛小孩較為獨立的原因。

市區裡也有大型親子設施

友善的職場文化與員工福利

立陶宛近幾年來吸引了超過1,000家的新創公司在這裡設立,越來越多的國外求職者來立陶宛工作,讓這裡的職場環境越來越多元也充滿活力,職場文化也很重視員工的感受與福利。隨著立陶宛和臺灣經濟合作關係越來越緊密,也許立陶宛會是你的下一個工作地點喔!

工作和私人時間界線分明

　　雖然有些立陶宛人會以他們的「勤奮工作文化」感到驕傲,但那是相對西歐國家來說,若是跟亞洲企業責任制、經常加班的文化相比,立陶宛人對工作的態度只能說是中規中矩。在重視工作和生活平衡的立陶宛,下班時間到了就回家是再正常不過的事,下班時間和週末不回覆訊息也是「應該的」。

職場福利與津貼

　　在立陶宛工作,雖然每個月薪水會被扣除一筆可觀的稅金和社會強制保險,但相對的好處是收入有保障。如果你生病無法工作(即使只是感冒),家庭醫生開出證明後,就可以向公司請病假,公司和社會保險會提供六成薪的補助。

　　另一個對家長友善的政策是,如果小孩生病,一方家長因為得照顧小孩而無法上班,也可以請家庭照顧假,一樣有超過六成薪的社會保險補助。

幾乎每個立陶宛公司都會在夏天辦團體活動和派對

夏天舉辦的團隊建設活動

超幸福的媽媽日&爸爸日

如果你是有小學以下小孩的職業父母，那你一定會很羨慕這點。在立陶宛，扶養兩名12歲以下小孩的父母雙方，每個月各自可以有1天有薪假(Mommy/Daddy Day)，有3名小孩的話每個月有2天。最新的法令甚至只有1名小孩的家長也可以享有每3個月1天有薪假的福利，是不是很幸福呢？

不論年資的年假

和大多數西方國家一樣，立陶宛的員工不論年資，每年都有1個固定天數的有薪年假，在立陶宛是20天，而且想要一次連續休掉兩、三個禮拜也是員工的權利，公司不能不允許。此外，立陶宛幾乎每個月都有1個的國定假日，法規規定國定假日的前一天還可以提早1小時下班。

重視員工職涯發展

為了留住人才，許多公司會在法律保障的勞工權益外，另外提供私人健康保險、彈性工時或遠端上班的可能性，重視員工在職期間的技能發展，定期安排一些訓練課程以及團隊建設活動，提升員工的歸屬感。

職涯規畫以個人利益為優先

臺灣人通常會擔心常換工作會給履歷帶來負面影響，或有「不好意思」提離職的想法，立陶宛人則不一樣，他們在職場上會以個人利益為前提，遇到待遇比較好或有其他發展的工作機會，很容易就會跳槽，也因此立陶宛的員工流動率滿高的。

立陶宛企業較願意在辦公空間投資與規畫休閒區域，以吸引員工

藝術文化

建築藝術

來到立陶宛，你會發現這裡的建築物非常多元。這些建築的特色不只跟歷史有關，還取決於生活在不同時期的人們對藝術的看法。

木造房子

在立陶宛這片森林茂密的土地上，木頭是他們傳統建築的主要建材，在1940年代以前，九成的建築是木製的。現在在許多小村莊還是可以看到木製的房子，甚至是帶有精緻細節的木製教堂。木製房子在大城市已經比較少見，但維爾紐斯的Žvėrynas區還保留著超過百幢的木造房子，散發出療癒的氛圍，是立陶宛人最愛散步的區域之一。

維爾紐斯市政廳也是新古典主義建築例子之一

傳統木造房子

哥德式建築Gothic

以高聳尖塔、尖形拱門為特色的哥德式建築，在14世紀被引進立陶宛。雖然發展的比較晚，但立陶宛有許多非常具代表性、獨創又獨特的哥德式建築。波羅的海地區的哥德式建築因為建材來源限制的關係，都是紅磚砌成的，非常好認。

位於考納斯市的聖格特魯德教堂建造於15世紀，是立陶宛最早的磚砌哥德式教堂之一

文藝復興建築 Renaissance

16世紀時米蘭公爵夫人Bona Sforza，也是當時的波蘭與立陶宛大公國王后，將文藝復興風格引進立陶宛。她將義大利建築師、音樂家和畫家帶到立陶宛和波蘭，立陶宛的貴族受到影響，開始建造許多文藝復興式的房子與教堂，柱子和圓拱門是它們的特色。

巴洛克建築Baroque

17～18世紀，立陶宛貴族們認為邀請義大利建築師來他們的領地是一種榮耀，很快地，華麗且鋪張的巴洛克風在立陶宛興起，維爾紐斯甚至得到了「東歐巴洛克首都」的名號。

老城區的Basilian Gate是晚期巴洛克建築的例子

新古典主義建築 Neoclassicism

和其他地區一樣，對奢華風感到疲倦後，追求回歸規則和簡單的新古典主義，成為立陶宛18世紀末的主流建築風格。新古典主義的主要元素是類似古羅馬人建造的殿堂，高大筆直的柱子，以及相對簡單的外觀和內部設計，維爾紐斯大教堂(詳見P.118)是立陶宛古典主義最著名的代表。

現代主義 Modernism

第一次世界大戰後，在大城市進修的年輕立陶宛建築師們，將當時歐洲流行的現代主義帶回自己的家鄉。當時作為臨時首都的立陶宛第二大城考納斯，成為他們實現夢想中建築物的地方。這些在考納斯的

考納斯的現代主義建築(圖片提供：©Andrius Aleksa-ndravičius_Lithuania Travel)

現代主義建築有著Art Deco裝飾藝術風格，成為立陶宛的一大特色，也被列入聯合國教科文組織世界遺產暫定名錄中。

蘇聯功能主義建築 Soviet functionalism

蘇聯時期的公寓建築

蘇聯近50年占領的痕跡，明顯反映在立陶宛城市建築中。蘇聯時期的功能主義建築有著單調、灰暗的顏色，建築講究功能性，沒有多餘的細節，走在立陶宛的城市中，你一定一眼就能認出這個時期的建築。

民間音樂

立陶宛的民間音樂帶著古老的色彩並融合異教信仰的元素，且與大自然息息相關。在過去，村莊的人們會在播種、收割等工作時，以及婚禮、喪禮等儀式場合唱歌，有各式各樣主題的歌曲在不同的季節和慶典傳唱，音樂是立陶宛人日常生活中非常重要的一部分。

有格迪米納斯城堡圖案的康科勒琴

石頭做的笛子

打擊樂器木鐘

2014 年在國家博物館前演出的複音重唱表演

複音重唱

複音重唱(Sutartinės)是立陶宛最有名的民間音樂形式之一，由2到4個人演唱，在歐洲是很少見的形式。在 19 世紀末至 20 世紀中期因為生活方式的改變，複音重唱曾一度消逝，但經過一些組織的努力與復興，這個文化得以保留至今，且因為其獨特性和價值，被列為聯合國教科組織世界遺產(UNESCO)的人類口述和非物質遺產代表作名錄中。

傳統樂器

立陶宛傳統樂器主要可分為打擊樂器、管樂器和弦樂器三類。

木鐘(Skrabalai)是立陶宛民俗打擊樂器的代表，各種大小的梯形木鐘垂直排列成幾排，用木棍演奏。

放牧文化與立陶宛傳統管樂器密不可分，牧羊人用動物的角、樹木、石頭等做成的笛子、排簫(Skudučiai)和喇叭形式的樂器，用來驅趕動物或發出信號。

康科勒琴(Kanklės)有點

傳統管樂器

像古箏，是立陶宛最古老的弦樂器，也是立陶宛最具代表的傳統樂器。在波羅的海、其他中歐國家也有類似的樂器，只是有不一樣的名字。在兩次世界大戰期間(1918～1939年)，康科勒琴和其表演變成一種立陶宛國家文化象徵，演奏家會在樂器上裝飾立陶宛三色緞帶或是格迪米納斯大公的符號，格迪米納斯城堡圖案也受到歡迎。

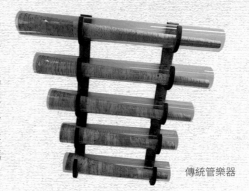
傳統管樂器

民俗舞蹈

　　和音樂一樣，民俗舞蹈一直與立陶宛的生活、工作方式和風俗習慣密切相關。在過去，這種傳統舞蹈可以由整個社區的居民參與，雖然大多是娛樂性質，但也有一些在特定日子、婚禮或工作會跳的舞蹈。

　　跳傳統民俗舞蹈時，舞者們會手拉手組成圓圈跳舞，隨著音樂有快節奏、慢節奏環節的進行，大家組成的圓圈會變成線條和其他形式，也會有兩兩一對跳舞的部分，甚至是小遊戲。

　　如今在立陶宛，可能只有在舞台場合可以看到穿著傳統服飾的正統民間舞蹈表演，但有些學校會提供給學生選修的民俗舞蹈課，立陶宛人們多少會知道怎麼跳傳統民俗舞蹈，因此在戶外鄉村聚會或婚禮這類人多的場合，大家經常興致來了就一起手拉手跳舞，可見他們的舞蹈文化還是保留在日常文化中。

　　想了解更多立陶宛民間音樂與舞蹈的朋友，可以參考Youtube頻道Baltic folk。

傳統民俗舞蹈表演

立陶宛學校也有提供傳統舞蹈課

立陶宛傳統服飾之一

當代藝術

立陶宛人喜愛並欣賞藝術。在立陶宛獨立後，藝術常常被用來美化城市中不那麼美麗的地方，比如用壁畫來覆蓋老舊或廢棄的建築，或是帶給某個地區不同的氣氛。隨著人們的生活條件改善，藝術博物館、藝文空間對立陶宛人的生活越來越重要。

從偏遠小鎮上的無名十字架木雕，到城市巷弄裡的街頭塗鴉藝術，再到超過六千件當代藝術品的博物館，立陶宛的藝術之美值得遊客們來探索。

維爾紐斯街頭塗鴉(圖片提供：©Go Vilnius)

街頭藝術

　　提到立陶宛的當代藝術，最為人津津樂道的就是他們的街頭藝術了。來自全球的藝術家在立陶宛的建築和牆面留下作品，他們透過塗鴉或雕像表達想法，有的作品俏皮、有的挑釁、有的則為了社會議題發聲，創作非常多元和吸引人。

　　維爾紐斯和考納斯是最多街頭藝術的兩個城市，市區的塗鴉藝術俯拾皆是，有些藏在小巷弄內，有些在高達三層樓的牆面上。喜愛街頭藝術的朋友，可以在遊客中心取得作品地圖，來一場尋寶遊戲找到每個知名作品的本尊。

考納斯街頭塗鴉

考納斯街頭塗鴉

維爾紐斯街頭塗鴉(圖片提供：©Go Vilnius)

雕像藝術　　　維爾紐斯的勝利公牛像 (Triumphant Bull) 是世界上最大的青銅公牛像，據說摸牛鼻子可以帶來成功

雕像和裝置藝術

　　不論是在特定旅遊景點或是城市的一隅，在立陶宛你可以看到許多令人印象深刻的雕像或裝置藝術，有偉人像，有的帶有故事傳說，有些象徵著立陶宛人追求的自由、勇敢價值，向遊客們展現著立陶宛濃厚的人文氣息。

記得摸摸肚皮青銅浮雕

位在維爾紐斯市區的幸運肚皮青銅浮雕，是立陶宛最有趣的藝術品之一。傳說19世紀時，維爾紐斯曾經有一個貧窮的家庭，小時候過著邋遢、飢餓度日的生活，但出乎意料地在長大後成為富商和珠寶商。市長因此好奇地詢問他們的母親小孩成功的祕密，這位母親回答說因為她每天都會撫摸兒子的肚子，所以兒子成了成功的商人。因此這個肚皮雕像是幸運的象徵，希望事業成功的人們記得來摸摸這個肚皮喔！

⊙ Vilniaus g. 12。

幸運肚皮浮雕
(圖片 提供：
©Go Vilnius)

當代藝術活動

　　立陶宛有著為數眾多的藝廊和展示靜態作品的藝術博物館，MO Museum和Contemporary Art Centre是展出當代藝術展覽最有名的兩個現代博物館。

　　此外，這裡還有許多一年一度舉辦的盛大藝術活動，如每年1月舉辦的維爾紐斯燈節(Vilnius Light Festival)，在城市的多個地點展示絢爛、前衛和互動性的燈光裝置藝術；夏天舉行的文化之夜(Culture Night)，包含了近百場的音樂、戲劇、視覺等藝術活動，都非常具有代表性。

　　喜歡藝文活動的朋友，可以上網查詢到維爾紐斯即將舉辦的活動。

🌐 www.vilnius-events.lt/en

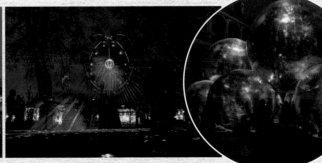

維爾紐斯的燈光藝術節 (圖片提供：Justina from YouTube channel Atlasito)

懺悔星期二 Užgavėnės

復活節的 47天前

Rumšiškės 鎮的露天博物館有最盛大的 Užgavėnės 慶典 (圖片提供：Justina from YouTube channel Atlasito)

熱鬧節慶

作為歐洲最後一個「異教」國家 (詳見 P.33)，立陶宛有些特殊的節慶仍然帶著崇拜自然、萬物有靈的色彩，同時立陶宛也慶祝基督教的傳統節日，如復活節和聖誕節。多元的信仰和現代習俗沒有帶來矛盾，反而讓立陶宛的節日慶典文化更具特色。

Užgavėnės這個單字，在立陶宛文的意思是進入齋戒的前一天，這個節日的英文是Shrove Tuesday，中文翻譯成懺悔星期二，是全球許多國家會慶祝的基督教節日。

在基督教世界，復活節前第七個星期三起，到復活節前夕的40天(不包含星期日)是大齋期，這個大齋期開始的前一天就是懺悔星期二，原本應該是個提醒人們即將進入懺悔季節的嚴肅節日，幾世紀以來變成在齋戒前的慶祝與狂歡，還得到一個有名的法文名字：Mardi Gras，意思為「油膩星期二」，顧名思義就是一個大吃大喝的節日。

Užgavėnės通常落在2、3月間，這時的人們對冬天感到厭倦，因此根據立陶宛祖先們的說法，Užgavėnės背後還有另外意義，要用大肆慶祝來趕跑冬天，好讓春天早點到來。除了和其他國家一樣的慶祝氣圍外，立陶宛人擁有獨特、仍帶著異教色彩的傳統儀式，給這個傳統節日增添許多特色，可以說是立陶宛最有趣的節日。

面具狂歡會，想嚇跑冬天

　　想像一場嘉年華會，人們不是華麗繽紛的裝扮，而是奇怪又有點滑稽的惡魔和巫婆裝飾？立陶宛的Užgavėnės狂歡就是這樣。

　　Užgavėnės在立陶宛各區都有慶典，但最有名也最盛大的地點是在Rumšiškės鎮的露天博物館(立陶宛民俗博物館)。在這天，聚集到這裡的人們戴上自己用木頭或紙漿做成的面具，通常是醜陋、甚至有點搞笑的魔鬼、巫婆和山羊，也有人製作令人毛骨悚然的可怕面具，伴隨著大聲的音樂跳舞和遊戲，以達到將冬天嚇跑的目的。

慶典上各式各樣的有趣裝扮 (該頁圖片提供：Justina from YouTube channel Atlasito)

春天大戰冬天

　　狂歡會還有一個重頭戲，是一場春天與冬天擬人的戰鬥戲碼。這場傳統戲劇會由兩個角色演出，一個是穿著麻衣和腰間綁著麻繩的人，象徵著春天(立陶宛人叫他Kanapinis)，和一個肥胖長得像豬的人，象徵冬天(立陶宛人叫他Lašininis)，當然在兩人演出的激戰以後，象徵春天的Kanapinis總是會勝出。

燒Morė儀式，象徵將冬天趕走

不給鬆餅就搗蛋

　　立陶宛的小朋友在這天也沒閒著，他們會帶上自製的面具，挨家挨戶敲門討鬆餅。這是不是跟我們熟悉的萬聖節場景有點像？沒錯，立陶宛人不大慶祝萬聖節，因為Užgavėnės就是他們的萬聖節。這些被小孩討鬆餅的人家，如果沒有準備鬆餅，也會給小朋友們糖果、餅乾或是零錢。

上：Užgavėnės 像是立陶宛的萬聖節／下：小孩自己做的面具

高聲呼喊「Žiema, žiema, bėk iš kiemo」

　　狂歡會的尾聲也是最重要的一部分，是將象徵冬天，名為「Morė」的女人放火燒毀，意味著再次將冬天趕走。當然，這個Morė不是真的人，而是人們用木架和女人服飾裝扮成的假人，跟稻草人有點類似。

　　參與儀式的人們會圍繞著燒著Morė的篝火，喊著Žiema, žiema, bėk iš kiemo，意思是「冬天，冬天，快滾開」，這句話也是Užgavėnės慶典時，不管在哪裡的大人小孩都會複誦的一句話喔！

大口吃鬆餅，象徵成功與豐收

　　圓圓的鬆餅象徵著春天的太陽，立陶宛人相信在這天吃很多的鬆餅，會給自己帶來更多的財富和健康。許多國家也有在這天吃鬆餅的傳統，因此這天也被稱為鬆餅日(Pancake Day)，但立陶宛的鬆餅有很多種類，有麵粉做的厚、薄鬆餅、馬鈴薯做的煎餅，還有包肉的鹹煎餅，在立陶宛文都叫「鬆餅」(Blynai)，搭配不同的醬料或果醬，選擇相當豐富。

　　立陶宛人還有個說法，你必須在這天多吃油膩和高熱量的食物，例如燉肉、燉菜、馬鈴薯等，至少7次，但不能超過12次，這樣接下來的一年就可以成功和豐收。

聖加西彌祿市集
Kaziuko mugė

聖加西彌祿市集是維爾紐斯一年一度最大規模的民間手工藝品市集，歷史可以追朔到西元1604年。這個慶典以波蘭國王和立陶宛王子聖加西彌祿的名字命名，他在世時對窮人和病人非常慷慨，因此受到景仰，因病去世後被封為聖人。在立陶宛和波蘭有超過50間教堂以他命名，他也被認為是立陶宛和立陶宛年輕人們的守護神。

聖加西彌祿的忌日是3月4日，因此每年的聖加西彌祿市集會在最接近該日的星期日舉行。幾個世紀以來，這個市集也慢慢轉變為慶祝及迎接回暖和綠意漸顯的春天慶典。

應有盡有的露天市集

聖加西彌祿市集節慶通常持續3天，維爾紐斯市區的格迪米納斯大街會封街擺攤，販售各式各樣的手工藝品。除了立陶宛自己的傳統手工藝品，也有藝術家特地從波蘭、拉脫維亞、白俄羅斯前來參與擺售他們的作品，還有許多街頭藝人、民俗音樂和舞蹈表演，相當熱鬧。

這個市集不只好逛，也很「好吃」。在這裡，你可以找到所有立陶宛的傳統食品：各式黑麥麵包、煙燻魚肉、蜂蜜、甜食等等，走累了還有傳統熟食攤位可以坐下來，吃點熱騰騰的食物。儘管立陶宛3月的天氣還相當寒冷，但攜家帶眷一起前來採買日常用品和食物，幾乎是每戶立陶宛人家每年的傳統。若有機會在此時拜訪立陶宛，一定不能錯過這個可以好好觀察、了解立陶宛傳統的慶典喔！

左：一年一度的聖加西彌祿市集總是吸引大批人潮／右：各式各樣的手工藝品

復活節 Velykos

　　復活節是基督教徒們在春天最盛大的一個節日，每年的日期不一樣，通常落在3月底到4月底之間的某一週日。對於天主教國家來說，復活節也是除了聖誕節以外的最重要節日。

　　復活節的慶祝從節日前一週開始，這一週又稱為聖週 (Holy Week)，用來紀念耶穌受難，每一日又有不同的名稱和禮儀。

立陶宛版棕櫚枝 Verba

　　雖然立陶宛大部分的禮儀與其他基督教國家相同，但也發展出一些獨特的傳統，其中比較特別是棕枝主日(Palm Sunday)。棕枝主日是復活節的前一個週日，大部分其他國家習俗是教堂會分發棕櫚枝給前來的信徒，但在立陶宛，是人們帶著自己製作的「棕櫚枝」上教堂。

　　由於立陶宛的氣候並不適合棕櫚生長，所以立陶宛人其實是利用當地乾燥植物和花卉，編成非常有特色的「Verba」代替棕櫚枝。3月舉辦的聖加西彌祿市集上，就可以看到許多商家販售著五顏六色的Verba，大多數立陶宛人會在那時採買Verba。立陶宛人至今仍有一項傳統，會用Verba輕拍家人，象徵來年健康以及保護免受邪惡攻擊。

立陶宛人的Verba比起棕櫚枝，更像是美麗的花束

圖片提供：©Helena Jagello_Lithuania Travel

藝術等級的彩蛋

復活節前的週四又稱神聖星期四(Holy Thursday)，也就是耶穌最後晚餐的那一天。這天立陶宛人會在家裡進行大掃除，象徵趕走邪靈並準備迎接即將到來的復活節和春天。

復活節前夕(Holy Saturday)，立陶宛人會忙著準備復活節當天的大餐，以及進行整個節日的最重要傳統活動之一：畫彩蛋。雞蛋在復活節象徵著重生和生命，立陶宛人稱這些畫好的彩蛋為「Margučiai」。

立陶宛傳統畫彩蛋方式是在雞蛋上貼上樹葉、樹枝或花瓣等材料，再將雞蛋放入從植物萃取的天然色素染劑裡，覆蓋材料的部分就會在染製過程中形成美麗的圖案。

立陶宛人也以製作手工彩繪或雕刻華麗彩蛋聞名。彩繪法是先以尖銳物沾上熱臘，在蛋上描繪出美麗的圖案和線條，再將蛋放到染劑中，待上色乾燥後，再稍微加熱將蠟剝除，圖案的部分就會很漂亮地顯現出來，這些彩蛋是立陶宛復活節的一大特色。

復活節彩蛋

傳統畫彩蛋方法，在雞蛋上貼上樹葉或花瓣後包裹起來浸泡染劑(圖片提供：Milita Padleckytė)

享用復活節大餐

復活節當天除了上教堂，最重要的活動就是家人聚在一起享用復活節大餐。豐盛肉類是立陶宛傳統復活節的餐桌重點，蛋料理搭配美乃滋是桌上必備，還有各式各樣的甜點。

飯後的「滾蛋遊戲」是立陶宛復活節必做的傳統活動之一。玩家會輪流從出發點把自己的蛋滾出去，只要滾出的蛋有碰撞到前玩家們滾出後留在地面的蛋，就可以將被碰到的蛋取走，成功擊中最多蛋的玩家將取得勝利。

滾蛋遊戲是孩童們在復活節最愛的活動

仲夏節 Rasos/Joninės

仲夏節(Midsummer's Day)，主要是慶祝一年中日照時間最長的一天，許多歐洲國家都會慶祝這一天，對日照時間差異大的北歐國家來說，這天尤為重要。

在立陶宛，除了懺悔星期二外，仲夏節是另一個帶著濃厚異教色彩與自然崇拜習俗的節日，有許多特別且迷信的儀式。

聖約翰節 Saint Jonas's Festival

立陶宛早在皈依天主教前就有慶祝這個日子的傳統，以前這個節日叫做Rasos，是露水節的意思，大部分儀式都與農業有關，以確保豐收和繁榮。在天主教傳入立陶宛以後，這天和慶祝施洗者約翰(John the Baptist)的誕辰結合，因此也被叫做「聖約翰節」，現在立陶宛稱這個節日為Joninės。只要名字和約翰有關的Jonas、Janina(英文的John和Jane)，在這一天會特別收到身邊朋友和家人的問候與祝福。

圍著篝火唱歌跳舞的克爾納韋仲夏慶典

立陶宛最大的仲夏節慶典在克爾納韋考古遺址(Kernavė，詳見P.16)，活動從6月23日傍晚就開始，各地的人們穿著立陶宛的傳統服飾，唱歌、飲酒作樂、圍著巨大的篝火跳舞直到黎明，是想體驗當地仲夏節活動的最佳地點。

仲夏節篝火
(圖片提供：Mingailė Kalnietė)

傳說的神祕蕨花

眾所皆知，蕨類植物並不會開花。但根據神祕的立陶宛異教傳說，只有最勇敢和堅毅的人，可以在仲夏節午夜找到發亮的蕨花。雖然蕨花很快就會消逝，但發現蕨花的人會獲得不可思議的力量，例如讀心術、看到隱形的東西、獲得財富和幸福。因此這個夜晚，許多人會走入森林尋找神祕的蕨花，但與其說是找這個不存在的蕨花，多數人更是享受在星空下森林散步的浪漫時刻。

仲夏節花環(圖片提供 ©Lilija Lozovic_Lithuania Travel)

用花環算命，預測何時結婚

這天也是適合「算命」的日子。女孩們會用花草編織成美麗花環戴在頭上，將花環從頭上拋出到樹枝上，套中樹枝之前的次數就是還有幾年才會結婚。另一種算命方式是讓花環漂浮在湖中，如果有一個男孩和一個女孩的花環碰觸在一起，代表他們一年內會結婚。雖然看起來迷信，但崇敬自然的異教就是相信神聖的大自然力量會影響生命的變化。

諸靈節 Vėlinės

11月1日

到了冬天的第一個重要節日，是11月1日的諸靈節。這天是天主教追悼和紀念亡者的日子，人們相信在這天，亡者會回到人間並聚集在教堂和墓地，等待親人的拜訪。在這兩天裡，立陶宛會經歷一年中最大規模的居民移動，大家會在這兩天帶上鮮花和蠟燭，返鄉走訪數個親戚的墓地致意。

雖然和臺灣清明節的掃墓傳統有點像，但立陶宛諸靈節的氣氛多了點莊嚴感。即使是晚上，墓園中一大片點亮的燭火隨風搖曳著，但一點都不可怕，反而壯觀又美麗。

諸靈節當天各地的墓園都可以看到大片蠟燭海

聖誕節 Kalėdos

12/24～12/26

　　一年中，不論大人小孩最期待的節日就是聖誕假期。在連續3天的聖誕節假期中，每個家庭都有不一樣的傳統，但重點都在於與家人團聚相處的時光。假期中又以12月24日聖誕夜當天最重要，立陶宛人稱為Kūčios，這天就和我們的除夕一樣，家人一定會聚在一起共進傳統的聖誕夜晚餐。

　　立陶宛的聖誕節在11月底早早就可以感受到。首先是商場上架的眾多聖誕商品和裝飾品，家家戶戶也開始在自家陽台或院子掛上燈飾，而各個百貨公司、市區和廣場的巨大聖誕樹，到處都瀰漫著聖誕節氣息。立陶宛人也會開始採買親戚朋友的聖誕禮物，是購物中心和賣場最忙的季節。

12 道菜的聖誕夜大餐

　　作為天主教國家，為了感念耶穌的誕生，立陶宛人在聖誕夜當天其實不可以吃肉(魚肉可以)，並且不會喝酒。傳統的聖誕夜晚餐需要準備至少12道菜，象徵著12使徒，常見的菜色包含甜菜根湯、酸白菜、生鯡魚、還有最具代表性的罌粟籽牛奶(Aguonų pienas)等。從異教觀點來看，12道菜則代表著過去的12個月，每個人都得吃過所有12種菜色，來年才可以順利成功。聖誕夜另一個重要習俗是大家用完晚餐後，繼續將食物留在桌上放到隔天，因為立陶宛人們相信在這個夜晚，自己逝去的親人和祖先會回來拜訪和用餐。

聖誕夜晚餐

聖誕夜必吃小餅乾

Kūčiukai是聖誕節另一個必吃食物，它的名字直接翻譯就是「聖誕夜的小餅乾」，通常會搭配罌粟籽牛奶一起吃。

Kūčiukai小餅乾在聖誕節期間才有販售

在聖誕夜，動物會開口說話？

　　每個立陶宛人都知道這個傳說：動物們在聖誕夜會開口說話。有一說是只有最幸運的孩子有機會聽到動物和他說話，並且動物會告訴這個孩子他的未來是什麼樣子；另一說是動物們會在這個夜晚交談，但討論的內容是自己主人的葬禮，也難怪沒有人會想去穀倉偷聽動物說話。

維爾紐斯市政廳廣場每年會有不同的聖誕樹
(圖片提供：©Saulius Ziura)

聖誕節期間熱鬧的格迪米納斯大街

維爾紐斯主教座教堂廣場上的聖誕市集

2022年維爾紐斯的聖誕樹主題是蛋糕，預祝2023年的立陶宛700歲生日

歐洲最美的聖誕樹

首都維爾紐斯主教座堂前每年都會有不同主題的聖誕樹設計，而且不只一次被票選為歐洲最美的聖誕樹。住在維爾紐斯的居民一定會在聖誕節期間前來與聖誕樹拍照，逛逛聖誕市集，如果遇上下雪那就更浪漫了。

上教堂和探親

現代立陶宛人多數沒有固定上教堂的習慣了，但在聖誕節當天早上，和家人一起去教堂是立陶宛的傳統之一。通常聖誕節的第一天(12月25日)會和較親密的家人一起度過，第二天(12月26日)是拜訪遠房親戚或朋友，類似我們的「走春」，所以說他們的聖誕節真的跟我們的過年很像呢！

每個購物中心都有自己的巨型聖誕樹

特色紀念品
Made in Lithuania

不論你是想給自己的立陶宛之旅留下美好的記憶，還是想帶回一些伴手禮送給重要的人，這篇帶你一探究竟立陶宛有什麼具有代表性，和值得購入的紀念品。

傳統手工藝品

　　說到紀念品，那就不得不先提到他們的手工藝品。立陶宛的手工藝品是反映他們民俗文化非常重要一部分，這些手工藝品的用途和形式受到環境、地點、資源以及風俗習慣的影響，有一些還與異教信仰有關，多數是實用的日常物品，還有一些是運用手邊材料製成的飾品。

　　隨著科技的進步，如今在立陶宛看到的手工藝品已經不再以實用為目的，反而更像是裝飾藝術品。介紹幾個主要的立陶宛手工藝品，不僅可以做為立陶宛紀念品購買指南，也可以從工藝品更了解他們過去的生活方式喔！

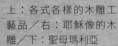
上：各式各樣的木雕工藝品／右：耶穌像的木雕／下：聖母瑪利亞

木製十字架

　　木製宗教工藝品是立陶宛最具代表性的手工藝品，且有著古老的歷史，立陶宛的木製十字架還被列入聯合國教科文組織(UNESCO)非物質文化遺產名錄的手工藝品。

　　十字架對立陶宛人來說提供慰藉和保護，因此在鄉村和郊區，到處都可看到裝飾點綴用的木製十字架，豎立在不同地點，保護村民遠離危險和意外。

手工紡織

以前的農村生活，村民會自己養綿羊和種植亞麻，到了秋冬季節，農活比較少的時候，就會在家利用手工紡車，將棉麻編織成線，到了春天，再用紡織機將線織成布，以用來製作衣服、床單、桌布等用品。

在過去，立陶宛家庭的女孩從小就被教導編織、紡紗和各種工作分擔家務。女孩們到了一定年紀，會自己紡出毛巾、枕套、床單和床罩等寢具作為嫁妝。

雖然現在有很多自動化的機器，但手工編織、帶有色彩繽紛幾何圖案的飾帶(Sash)和衣服仍然非常受歡迎，通常用來作為禮物或立陶宛紀念品。

左上：立陶宛傳統服飾／右上：結合傳統手工藝的現代商品／上：傳統紡織的衣服和桌布／右：傳統手工紡車，將棉麻原料製成線

立陶宛製的木製廚具是送禮好選擇

木製廚具

一直到20世紀中期，立陶宛的家庭仍以木製廚具為主，因為不是每個人都能負擔金屬製的用品，木頭又是立陶宛垂手可得的天然資源，因此人們會自己製作木製廚具。雖然現在人人應該都買得起其他材料做的廚具，立陶宛人們還是保有使用木製廚具的習慣。

木製廚具在立陶宛非常容易買到，價格不貴，方便攜帶又很實用，非常適合作為伴手禮或紀念品。

手工蠟燭

　　蠟燭製作是一項非常古老的手藝，從最早只是單純的照明需求，到後來因為象徵上帝之光的宗教意義，在信仰基督教人們的生活中扮演著不可或缺的角色。在今天，帶有香氛或雕刻的蠟燭，被許多立陶宛人用來提升居家美感和生活情趣。

　　最古老的蠟燭製作方法是「倒澆法」，工匠們將熱蠟從上頭倒在懸掛的燈芯上，每次的澆淋都會讓蠟燭再裹上一層蠟，直到需要的厚度，之後再進行雕刻。特別的是，因為立陶宛的養蜂業發展蓬勃，使用蜂蠟製成的蠟燭變成立陶宛的特色商品，在國外也受到歡迎。

倒澆法製成的蠟燭

立陶宛特色蜂蠟蠟燭

竹籃編織

　　立陶宛的竹籃編織是一門流傳悠久的手工藝技術。中古世紀開始，每個村莊裡都有自己的工匠，為村民編織各式日常生活與工作所需的竹籃。根據用途，工匠用不同材料，做出不同形狀、尺寸的籃子，有用來裝蔬菜水果的帶把手籃子、用來播種或篩選穀殼的網狀竹籃，和裝麵粉跟古物的細緻竹籃等等。

　　雖然竹籃在臺灣過去的農業社會也很常見，但隨著科技發展，已經逐漸被淘汰。在立陶宛則不一樣，手工編織的竹籃沒有被科技發展，或其他廉價合成材料取代，兼具實用和裝飾性的竹籃用品和家具仍然受到現代立陶宛人的喜愛。

上、左：幾乎每個露天市集都可以看到販售手工竹籃的攤位

老城區的商店INTERIOS販售許多美麗的立陶宛手
工陶瓷器具

陶土做的兒童玩具和樂器

陶瓷工藝品

　　立陶宛大約在10世紀時，開始有以陶輪工具製
作的陶器出現。到了13世紀，用腳操作的陶輪出現
在城鎮中，工匠並開始在窯中燒製陶器，一直到19
世紀末，立陶宛的各地區發展出自己獨特的製陶技
術、造型和傳統。

　　和竹籃編織類似，在過去，村莊的陶器工匠會為
村民們製作不同用途的陶器品：壺、盤子、燭台、
花瓶和小雕像等等，陶土做的玩具、樂器是每個農
村小孩的童年。現代立陶宛人重視生活美感，陶瓷
藝術是受歡迎的選擇，幾乎每個人家裡都會有幾件
可拿來當裝飾品的陶瓷餐具，和優雅的裝飾品。

手工陶瓷餐具

羊毛拖鞋

羊毛氈桑拿帽

可愛圖案的羊毛靴是非常受歡迎的紀念品

羊毛氈手工藝

氈是製造羊毛織物的最古老技術之一，也是一項需要大量體力的工作。立陶宛因為冬天寒冷，保暖防寒的羊毛製品是他們的生活必需品。

羊毛氈製作方法有兩種，乾氈和濕氈，乾氈是使用特殊的針製作，臺灣人較熟悉的羊毛氈玩偶就是這樣的作法。立陶宛的羊毛氈靴、帽子、衣物需要扁平的布料，所以是用濕氈作法：將羊毛用熱水和肥皂打濕後，手工不斷揉擦和壓制，再塑形而成，不需要紡車或織布機之類的工具。

羊毛具有調節體溫的特性，因此穿著氈製羊毛靴時腳不會感到寒冷也不會流汗，許多立陶宛人家裡都會有羊毛氈拖鞋。據說，俄羅斯沙皇彼得大帝非常喜歡赤腳直接穿羊毛靴，還稱讚羊毛靴讓他的腳得以呼吸，健康甚至改善了呢！

參觀手工藝品工作室

想了解更多關於立陶宛手工藝的歷史與技術，可以到維爾紐斯的手工藝品工作室 (The Old Crafts Workshop) 參觀，這裡有許多立陶宛手工藝品展示，還可以參加付費的團體手工藝品體驗課程。

📍 Savičiaus g. 10, Vilnius 01127

🌐 www.seniejiamatai.lt/news.html

立陶宛設計

立陶宛設計融合了北歐極簡風格，不會有太多花俏的顏色或設計，卻也因此更耐看且不退流行。近年來，立陶宛風格的現代家飾、服裝、珠寶配件飾品和精品品牌在國際間受到越來越多人注意與喜愛。

喜歡挖寶的朋友們若來到立陶宛，別忘了走訪在維爾紐斯老城區的 Stiklių 街，這裡有著各式各樣的特色精品店。

Šapokliak Salonas古董店

立陶宛人十分重視居家美感，在這家古董店有著讓人眼花撩亂的復古家飾和擺飾用品，還可以找到藝術家製作的陶器、珠寶，以及獨一無二的婚禮飾品。

Šapokliak Salonas店內收藏品眾多

🌐 www.sapokliaksalonas.lt/gb

Baltas Miškas選物店

Baltas Miškas是一家隱藏在小巷裡的質感選物店，展示和販售超過上百位立陶宛設計師的作品，包括服飾、珠寶首飾、家飾品等等，想帶些立陶宛獨特商品回去的朋友可別錯過了。

Baltas Miškas小店

🌐 www.baltasmiskas.lt/

Linen Tales亞麻商品

使用高品質亞麻製作的衣物、寢具以及廚房和生活用品，有著溫暖的色調與簡約舒服的設計，也是外銷國際市場的立陶宛設計代表品牌之一。

Linen Tales亞麻商品也可以在臺灣瑪黑家居選物商店買到

🌐 linentales.com

labàdienà潮牌服飾

labàdienà這個品牌的名字來自立陶宛文的「午安」，其推出的帽T和毛衣，設計簡單，採用飽和或沉穩的顏色搭配品牌Logo，十分受到當地年輕人的歡迎。他們的服飾可以在Panorama百貨(詳見P.90)裡的LOCALS.LT立陶宛設計選物店買到，這家店還有很多其他當地設計師的作品，相當值得一逛喔！

立陶宛潮牌labàdienà

🌐 labadiena.eu

特產伴手禮

　　除了以上介紹的特色手工藝品和立陶宛設計，還有什麼適合作為紀念品和伴手禮呢？

各式琥珀珠寶

琥珀(Gintaras)

　　你知道世界上有九成以上的琥珀都來自波羅的海嗎？在四千萬年前，歐洲北部曾有大片森林，經過天然地質作用沉入海底，這些天然的樹脂經過擠壓和受熱形成化石，變成現在波羅的海盛產的琥珀，立陶宛人又稱琥珀為「立陶宛的黃金」。

　　除了作為裝飾品，立陶宛人的祖先們還相信琥珀有趨吉避凶和治療疾病的作用，他們會用琥珀做成護身符帶在身上，或是做成珠串變成小孩的「固齒器」，一直到現在許多媽媽們還是相信琥珀有助於減緩嬰兒們長牙的不適。

　　琥珀是最受立陶宛遊客歡迎的紀念品，在維爾紐斯老城區的每一家紀念品店都可買到各式琥珀商品：項鍊、手飾、戒指、磁鐵等等。

如何辨識真假琥珀？

天然的琥珀因為有琥珀酸而被認為有益身體健康，那要怎麼避免買到假琥珀呢？

最簡單的方法是先從外觀判斷，天然琥珀每個都有自己的形狀，或是小裂痕、泡泡等，如果琥珀太完美或每顆長得都一樣，那很有可能就是假的。

再者，天然的琥珀會導溫，握在手裡它會變得有點溫度，反之，假的琥珀則不會有溫度的變化。

左：琥珀做成的棋盤／
下：琥珀項鍊

蜂巢蜜

蜂蜜 (Medus)

　　對立陶宛人來說，蜜蜂不只是人類的好朋友，還是一種國家文化象徵。早在立陶宛人還是異教徒的時候，他們就有與蜜蜂相關的神。在沒有糖的年代，蜂蜜就是人們的甜食來源，而蜂膠、蜂蠟等產品還可以用來治病，因此蜜蜂的地位在立陶宛人心中可想而知。

　　直到今日，立陶宛的養蜂文化仍然十分興盛，許多人將養蜂當成興趣，因此立陶宛人們經常可以從親戚朋友那邊拿到天然的蜂蜜。立陶宛甚至有一道菜，就是小黃瓜加蜂蜜呢！立陶宛人喝茶也經常用蜂蜜取代糖，或是用蜂蜜做甜點。

　　立陶宛蜂蜜的口味種類之多，會讓你感到驚訝。依據蜜蜂在不同季節其食物來源也有所不同，蜂蜜口味也會不同，可以分為春季蜂蜜、夏季蜂蜜，以及蕎麥蜂蜜等等。另外還有調味蜂蜜，例如：莓果、檸檬、核果口味，很適合作為伴手禮。

左一：各式蜂蜜與蜜蜂相關產品／左二：蜜蜂對立陶宛人來說非常重要(圖片來源：©Laimonas Ciūnys/Lithuania Travel)

不同口味的蘋果起司

蘋果起司 (Obuolių sūris)

　　蘋果起司是立陶宛的秋季甜點代表。在蘋果收成以後，農家需要花上好幾個小時處理蘋果、熬煮、加糖反覆攪拌，脫水後才能做出Q軟香甜的蘋果起司。當然，現在要吃到蘋果起司不需要像過去一樣大費周章，一般超市就可以買得到。

美妝和香氛產品

　　立陶宛人熱愛大自然，使用的產品也不例外。有許多當地品牌，強調使用天然的原料，如果你喜歡實用的紀念品，可以考慮以下這些立陶宛品牌。

Kvapu Namai

　　Kvapu Namai經營著立陶宛最大的天然精油和化妝品實驗室，主打使用立陶宛的天然植物為原料。他們還有一些很特殊的立陶宛香味精油，如立陶宛森林、海邊，喜歡精油的朋友一定要來逛逛，把立陶宛的味道帶回家。

Smell Like Spells

　　Smell Like Spells利用原料的特性、傳統的民間經驗和現代的製香工藝，手工製作出天然香氛蠟燭、精油和居家擴香瓶等產品，品牌概念是每種香味都像是一種咒語有它的魔法，他們的精油背後都有一些涵義和特色，有各式各樣「效果」，例如招來愛情、成功或財富等等，非常特別。

Uoga Uoga

　　Uoga是立陶宛文莓果的意思，他們的商品包含化妝品、頭髮、臉部身體清潔和保養全系列，強調使用天然、有機的原料，且商品也不貴。

Natūralios Idėjos

　　Natūralios Idėjos是另一個立陶宛香氛蠟燭、精油和手工肥皂品牌，產品的原料九成來自天然成分。他們的其中一個蠟燭香味為「波羅的海琥珀」是木頭和琥珀的香味，非常適合帶回家留念喔！

> **紀念品這裡買**
>
> 城區的 Local House 商店是購買立陶宛紀念品的好地方
> ◎ 22 Pilies St, Vilnius 01124
> 🌐 www.localhouse.lt/en/home-3

立陶宛元素紀念品

SPALVOTOS KOJINĖS繽紛襪子

這個品牌的中文意思就是彩色襪子，他們的襪子是立陶宛製造，設計感十足，有些圖案讓人會心一笑，穿在腳上非常吸睛，因此受到立陶宛年輕人喜愛。另外他們也有許多立陶宛元素的設計，例如著名的粉紅湯、格迪米納斯城堡（Gediminas），歷史名人等等，既實用也適合拿來當作紀念品。

🌐 spalvotoskojines.lt

MAKE HEADS TURN文青小物

這家店專賣徽章、書籤、鑰匙圈等設計小物，走文青和無厘頭路線，也有立陶宛元素的商品。重點是這些小物的體積都很小，不用擔心行李放不下，特別推薦給需要帶很多紀念品回去的人。

🌐 www.makeheadsturn.lt

珠寶首飾

除了外國人喜愛的琥珀首飾，帶有金屬、石頭等自然元素的飾品，近幾年也重新在立陶宛流行起來。簡約設計又有質感，沒有保存期限的問題，適合作為送給自己的立陶宛紀念品，或送給交情特別好的朋友。

老城區的 Stiklių 街有許多家特色珠寶首飾商店

手工編織的手套和毛帽　　羊毛襪

保暖衣物

怕冷的朋友，來到立陶宛，一定要帶些保暖衣物回臺灣。即使是夏天前來，你也可以在這裡的紀念品店找到既保暖、又好看的羊毛衣物、圍巾、手套和毛帽。

必逛連鎖超市

立陶宛有5大連鎖超市：Maxima, Iki, Rimi, Norfa和 Lidl，大牌子的民生用品和食品通常在每家店都買得到，但每家各自有一些獨家商品。值得提醒的是，同樣的商品有些在Rimi的售價會比較高，因此建議可以先去Maxima逛。

Lidl是近幾年才從德國引進的連鎖超市，與其他4家不一樣，它有許多自有品牌，固定上架的產品較其他幾家商店少，但它的定位是走低價路線，每週都會有不同的臨時櫃商品，如工具、家電、衣物等，因此受到立陶宛人的歡迎。若想走省錢背包客路線，則建議多來Lidl採購，會比較便宜喔！

立陶宛主要連鎖超市

Lidl 超市的風格與其他超市非常不同

立陶宛主要連鎖超市

賣場大特價

立陶宛超市有趣的一點，是他們的特價方式。除了某些商品的單一價格促銷外，還經常有某種商品分類，不分品牌全部打統一的折扣，例如玩具類全部打6折，或是巧克力類全部7折這樣的折扣檔期。

但要注意的是，有些需要會員卡才能享有折扣，如果買了很多東西，建議跟附近的客人借用會員卡，可能會省下一筆可觀的金額呢！

超市折扣

超商必買伴手禮

除了巧克力和啤酒，來到立陶宛還能買什麼呢？這邊整理推薦給大家，在一般超市就可以買到「Made in Lithuania」的立陶宛製造必買伴手禮。

花草茶

還記得古代立陶宛崇尚自然的異教信仰嗎？他們的花草茶文化也和異教有關。立陶宛人的祖先們相信自然能帶來治癒的力量，他們用藥草來治療或舒緩疾病，這種草藥文化代代相傳保存到今天，直到現在立陶宛還有許多藥草農場，只是現在的花草茶主要不是用來治病，而是一種生活習慣。洋甘菊花、薰衣草、百里香、薄荷葉、香蜂草、柳蘭甚至是漢麻，都是常見的花草茶原料。

Žolynelis和ETNO是立陶宛兩個最大的花草茶品牌，兩個牌子都有出綜合禮盒，是伴手禮首選。Žolynelis還有出功能茶系列，像是可以緩解咳嗽或消化疾病的溫和花草茶，還有增強免疫力、或是幫助睡眠的助眠茶等等。

Žolynelis 的水果茶組合

漢麻葉茶屬於大麻之一，不能帶回臺灣

漢麻是大麻的亞種之一，近年在歐美流行的CBD(大麻二酚)保健食品中就是以漢麻為主要成分，有減緩焦慮的功用。但目前臺灣對於CBD產品還未完全開放，所以漢麻類商品不可以帶回臺灣喔！

ETNO推出的立陶宛茶(Lietuva就是立陶宛文的「立陶宛」)

天然水果條

立陶宛盛產莓果，人們特別喜歡莓果類的水果。Veri Beri的天然水果條選用立陶宛人最愛的莓果口味，以蘋果泥為基底加上果汁，做成100%天然的水果條，口感特別，和立陶宛傳統的甜點蘋果起司有點像，是當地大人小孩都愛的健康零食。

🌐臺灣哪裡買：verigoodo.waca.store

麵包脆片

口味類似立陶宛的著名點心炸黑麵包，Bon Chance這個牌子的麵包脆片有大蒜、起司、洋蔥酸奶的口味，香香脆脆的口感讓人一口接一口，是立陶宛聚會、搭配啤酒的熱門點心。

🌐臺灣哪裡買：www.facebook.com/Littlelithuania

洋芋片

Chazz是立陶宛手作切片洋芋片品牌，賣點是他們推出的特殊口味，有健康的蔬菜口味，還有立陶宛國菜(Cepelinai)(詳見P.100)、粉紅湯(Šaltibarščiai)(詳見P.106)口味，更特別的是，還有噱頭十足的18歲以上限定迷幻蘑菇和漢麻口味。不過提醒特殊口味不能帶回臺灣，只能在立陶宛嘗鮮囉！

手工精釀啤酒

立陶宛人對自己的啤酒相當引以為傲，超市裡的啤酒牌品牌和種類眾多，絕對讓你難以選擇。雖然臺灣可以買到幾款立陶宛啤酒，但來到這裡一定要試試當地釀酒廠製作的手工精釀啤酒(Craft beer)(詳見P.112)，Genys、Bear & Boar、Vasaknų dvaro alus，是當地常見和受歡迎的幾個手工精釀啤酒品牌，瓶身包裝也很吸睛。

不過要提醒旅客，入境臺灣的酒類免申報限額只有1公升，因此啤酒不適合作為伴手禮帶回臺灣，建議在立陶宛品嘗就好。

精釀啤酒包裝很有特色

巧克力

說到立陶宛巧克力，相信大家已經對露特(Rūta)巧克力非常熟悉，PERGALĖ是另一個巧克力大品牌，在超市貨架上你可以看到玲瑯滿目的口味，還有許多立陶宛人從小吃到大的經典系列，價格也不貴，巧克力迷一定不能錯過。

有機食品

立陶宛品牌Auga是歐洲最大的有機食品生產商之一，主要產品是有機即食燕麥粥和濃湯。濃湯包可以常溫保存，有非常立陶宛的口味，如甜菜根湯、酸菜湯，想喝西式濃湯的時候，只要微波加熱就可以馬上上桌，方便又健康。

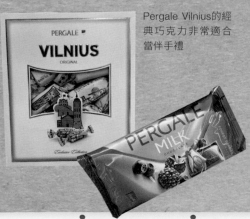

Pergale Vilnius的經典巧克力非常適合當伴手禮

有機濃湯

煙燻香腸和臘腸

雖然因為進出口限制不能帶回臺灣，但來到立陶宛超市一定要買一包煙燻香腸(Kabanos)和臘腸(Vytintos dešrelės)嘗嘗看。煙燻香腸其實不是立陶宛傳統食品，而是從鄰居國波蘭傳進來的，口味又鹹又香又油，非常重口味，立陶宛人會在看球賽或是喝啤酒時吃，很容易一口接一口停不下來。

公雞餅乾

公雞餅乾(Gaidelis)之於立陶宛，就像是乖乖之於臺灣。Gaidelis經典口味的公雞餅乾已有超過50年的歷史，餅乾上的圖樣就是隻公雞，在立陶宛是非常具有代表性的古早味零食。它的口味其實相當樸實，有點像是我們熟悉的營養口糧，是立陶宛人很熟悉的口味，也是家中常備餅乾，喝下午茶或咖啡時會搭配的點心。

沙棘濃縮果汁

沙棘是一種溫帶地區植物，可以生長在非常貧脊的環境中，小小黃黃的果實充滿了營養，被稱為「維生素C之王」。立陶宛有許多沙棘果農場，因此在這邊可以買到本地種植的沙棘果汁，依照自己喜好加水調整酸度，也可以加點立陶宛蜂蜜更好喝喔！

除了超市就買得到的沙棘果汁，藥房也有賣保健食品沙棘油，它可以幫助預防腫瘤、促進心血管健康，推薦作為送長輩的伴手禮。

沐浴乳

Margarita是立陶宛生技公司BIOK LAB旗下的身體清潔用品品牌，它的沐浴乳相當有立陶宛特色，用當地特色物產如蜂蜜牛奶、沙棘、藥草、森林野莓等成分製成的溫和沐浴乳，加上當地氣候乾燥，所以產品也強調對皮膚的滋潤效果，而且價格十分親民！一罐500ml的沐浴乳才大約台幣100元。但因為商品重量比較重，得考慮一下自己的行李限額喔！

大型購物中心

　　立陶宛地廣人稀，購物中心都是低樓層大面積的設計，逛起來非常舒服。維爾紐斯人口不多，但購物中心至少就有9家。這裡的購物中心雖然沒有國際精品大牌，但其他歐洲時尚平價大品牌都可以在這邊找到，如H&M、ZARA、Reserved、Lindex、Bershka等等。

　　購物中心營業時間都是上午10點到晚上9點，通常裡面的超市和餐廳營業時間會較長。如果旅行時間充裕的話，建議可以在最後一天安排個購物行程，且維爾紐斯不大，一天要逛好幾家百貨也沒問題，相信一定會讓你收穫滿滿地回家。

　　這裡介紹幾家立陶宛人最常去，也適合觀光客的購物中心：

Maxima招牌的「X」數量代表規模，越多「X」則規模越大

Akropolis

　　Akropolis是立陶宛規模最大的連鎖百貨公司。維爾紐斯分店商店種類多元，購物中心的中間是一個溜冰場，裡面有維爾紐斯最大的Maxima超市，以及立陶宛傳統料理餐廳DELANO，若是想要一站買齊所有伴手禮，這裡是首選。

⊙ Ozo g. 25, Vilnius, LT-07150
🌐 www.akropolis.lt/en

Panorama

　　Panorama百貨公司規模較小，但相對人潮也比較少，逛起來更為舒服，另一個優點是靠近市中心，交通方便。它的商品種類也相當齊全，服飾、鞋包應有盡有，LOCALS.LT立陶宛設計選物店在此也有店面。

　　此外，Panorama中心有一個Gourmet美食區，裡頭有多間小型商店販賣歐式食材、烘焙食品、有機食品和酒類，還有幾家異國美食餐廳。

⊙ Saltoniškių st. 9, Vilnius, LT-08105
🌐 www.panorama.lt/en

Panorama內的美食廣場

Ozas

Ozas是另一家立陶宛人需要採購全家人衣物時，經常去的百貨公司。購物中心內有兩樓是商店，三樓則有少見有提供共用餐區的美食街，地下一樓有個超大的室內兒童遊戲場，特別適合帶著小孩旅遊的家長。

雖然許多品牌商店和Akropolis裡的有所重複，但Ozas購物中心內也有許多不同的品牌，如北歐平價家飾店Jysk、品牌服裝連鎖店Peek&Cloppenburg，波蘭折扣商店Pepco等，值得前來一逛。

◎ Ozo g. 18, Vilnius, LT-08243
⊕ www.ozas.lt/en

Vilnius Outlet

Vilnius Outlet是2021年底才開幕的新購物中心，號稱是北歐地區最大的暢貨中心。

立陶宛的一般百貨公司通常在1月和7月有冬季和夏季的換季大折扣，但Vilnius Outlet作為暢貨中心主要是販售過季商品，因此全年都可以在這邊找到折扣商品，尤其是冬季的保暖外套、皮靴等高單價商品，價格差異更是明顯。

◎ V. Pociūno g. 8, Vilnius, LT-06264
⊕ vilniusoutlet.lt

立陶宛百貨公司都會規畫沙發休息區

Vilnius Outlet購物中心非常寬敞，逛起來很舒服

立陶宛飲食文化

立陶宛的飲食受到歷史和氣候的影響，比起美味或精緻程度，他們更在意的是飽足感與如何延長食品的保存。這篇帶大家看看，立陶宛人的「樸實」如何顯現在飲食文化中。

飲食特色與主要食材

簡單、天然和當地食材，就是立陶宛的飲食特色。受到氣候限制，立陶宛當地主要種植的作物為大麥、黑麥、馬鈴薯、甜菜根，莓果和蘑菇等等，利用這些當地、當季生產的食材，加上豐富的奶製品以及肉類，透過不同的料理方式和組合，做出各種變化，創造出立陶宛的特色美味。

麵包 Duona

在馬鈴薯被引進立陶宛以前，麵包(Duona)是他們最古老、也最基本的食品。立陶宛的麵包通常由黑麥、小麥、麵粉與酵母和乳酸菌製成，最受歡迎的麵包是黑麥麵包，它甚至是立陶宛人公認的國家遺產。在過去，立陶宛家庭會自己烘焙麵包，每個家庭甚至有自己代代相傳的酵母，因此麵包也具有家庭的象徵意義。

老一輩的立陶宛人還有個古老習俗，如果麵包掉到地上，他們會恭敬地將它撿起來並親吻後吃掉，作為一種不小心將麵包掉到地上的道歉方式，他們相信在道歉後，麵包就不會生氣，也不會離家出走了。聽起來有點不可思議，但可以看得出麵包在立陶宛人心中的地位。

馬鈴薯、甜菜根

馬鈴薯(Bulvė)在17世紀被引進立陶宛，但一直到18世紀末才變得普遍，在穀物收成不好的時候成為人們的「第二種麵包」。如今，馬鈴薯可是立陶宛的食材之王，立陶宛人幾乎不可能　天沒吃到馬鈴薯。

另一項根莖蔬菜——甜菜根(Burokėlis)，歷史甚至比馬鈴薯更悠久，也是非常重要的食品，在立陶宛廣泛被種植，有多道傳統料理是以甜菜根為食材。在超市可以買到生的，也可以買到已經煮熟、真空包裝的甜菜根，可以直接食用。

左上：超商販售的熟甜菜根／左下：生甜菜根

肉類 Mėsa

豬肉是他們最常食用的肉品種類，農家宰完自己養的豬隻後會盡量利用每一個部位。為了可以延長保存時間，以煙燻方式變成加工食品。各式煙燻香腸、肉條、培根是立陶宛農人最常吃的肉品，直到今日仍是他們心目中的傳統美食。最具代表性的是斯基蘭迪斯香腸(Skilandis)和豬油塊(Lašiniai)。

斯基蘭迪斯香腸

斯基蘭迪斯香腸 (Skilandis)

斯基蘭迪斯香腸早在西元1506年就出現在立陶宛大公國的文獻中，傳統作法是將切丁的肉塊和肥肉，以胡椒、鹽、大蒜調味醃製，用洗淨的豬胃或膀胱作為腸衣將碎肉塞進去，吊掛乾燥數天後再進行冷燻兩到三週，口味重鹹並帶著特殊的熟成香味，是傳統人家夏季宴客時會端上桌的美食。

豬油塊 (Lašiniai)

　　豬油塊是利用豬背上帶皮的脂肪直接調味煙燻，在中東歐國家有許多類似的食品。它具有淡淡的煙燻味和耐嚼的口感，通常作為點心或開胃菜，搭配黑麥麵包、洋蔥和各種蔬菜一起食用。

上：各式煙燻肉類／
左：豬油塊

魚 (Žyvis) 和海鮮

　　立陶宛的海鮮並不豐富，除了鯡魚，淡水魚是比較受歡迎的種類，常見的有梭魚、鱒魚、鱸魚以及鮭魚，但除了宴客場合或是本身就住在湖邊的村民，一般立陶宛人平時不大吃魚。

　　鯡魚則是一個特例，在19世紀從挪威引進立陶宛以後，鯡魚在立陶宛日常飲食占據一席之地，變成他們的傳統菜之一。賣場有各類醃漬的鯡魚(立陶宛文叫做silkė)，立陶宛人會拿它當開胃菜，跟麵包一起吃，或是沙拉料理，有時候甚至會當成主食跟馬鈴薯一起食用。

　　至於魚以外的海鮮，因為不是他們的傳統食物，且得仰賴進口而不普遍，立陶宛人非常少吃。一直到近幾年有比較多特色異國餐廳，立陶宛當地才有比較多蝦子、淡菜和章魚料理。

上：超市賣的魚類／下：鯡魚塊和一些炒過的蘿蔔和洋蔥就是立陶宛餐桌常見的一道菜

超市販售已切成
小塊的醃漬鯡魚

在傳統立陶宛社會自給自足、物質缺乏的年代，許多人家都會自己養乳牛，一頭乳牛一天可以有20公升的牛奶產量，因此除了每天汲取鮮奶喝以外，立陶宛人也會自己做酸奶、奶油、起司等不同奶製品，所以他們餐餐都吃得到奶製品。

不可或缺的奶製品

鮮奶
Pienas

幾年前，立陶宛的鮮奶價格甚至跟礦泉水差不多，一公升不到台幣30元，但隨著能源價格大幅上漲影響通貨膨脹，人們比較少把「牛奶當水喝」了。另外，因為鮮奶製程中加熱殺菌條件不同，立陶宛鮮奶不像臺灣鮮奶那麼香濃，質地比較稀一點，但也更接近生乳的味道喔！

想買立陶宛鮮奶請認明「Pienas」

立陶宛超市的奶製品都裝在類似的包裝裡面，想買鮮奶要認明立陶宛文「Pienas」才不會買錯成別的產品喔！

酸奶
Grietinė

酸奶對立陶宛人的重要程度就如同臺灣人的醬油

酸奶是立陶宛人餐桌的靈魂「配角」，每個人家的冰箱一定會常備酸奶，因為他們幾乎吃什麼都可以加酸奶：湯品、馬鈴薯料理、沙拉等等。對他們來說，酸奶可是提升料理美味，畫龍點睛的大功臣。

凝乳起司(Varškė)的英文是Curd cheese，是將牛乳發酵後，經過按壓去除水分製成的起司。和我們印象中的黃色起司不一樣，凝乳起司是白色塊狀的，沒有強烈的甜味或酸味，在立陶宛料理或甜點烘焙中經常會使用到。

凝乳起司
Varškė

上：凝乳起司／右：凝乳起司加果醬是常見的早餐或點心

立陶宛人飲食習慣

因為外食相對昂貴，普通的一餐至少5歐元起跳，現代立陶宛家庭都是在家自己簡單料理居多。家中常備的食材通常以麵粉、義大利麵、馬鈴薯、蕎麥和黑麥麵包作為主食。

除了各式馬鈴薯料理，當地人主要吃雞肉和豬肉，用些許香料調味或醃製後，以煎、放烤箱或是燉肉(Goulash)等方式烹調，用絞肉做成的肉丸或煎肉餅也很常見。

立陶宛人非常習慣吃冷食，蔬菜類除了在湯品中會煮過外，即使是大冬天，上桌的也是生菜沙拉或是直接切片的生黃瓜或番茄。

立陶宛人還特別喜歡煙燻食品，除了之前提到的煙燻豬肉，還有煙燻魚、煙燻雞肉、煙燻起司，原因除了可以延長食物保存期限，他們也認為煙燻過的食物比較好吃。

而和亞洲人的習慣不同，立陶宛傳統家庭文化中，一天當中最重視的是中餐，會將午餐分量準備多一點，晚餐繼續吃同樣的東西，或是另外煮燕麥、穀物粥等較清淡的食物。另外，和其他西方文化一樣，立陶宛人用餐也是會先喝湯才吃正餐。

甜食在立陶宛飲食習慣中扮演著舉足輕重的角色。幾乎每個立陶宛人家都會時刻備著巧克力、糖果餅乾或是糕點類的甜食，在飯後搭配茶或咖啡享用。

煙燻魚

相對於臺灣依賴醬料類，立陶宛人多用天然植物香料

立陶宛的飲食和料理也受到其他國家和文化的影響，不論是歷史上被其他國家占領，或是鄰國地緣關係的交流，因此立陶宛傳統料理和其他國的料理有些共同之處。這篇就來跟大家介紹，來到立陶宛必嘗的傳統料理。

立陶宛傳統料理

正餐菜色

對立陶宛人來說，正餐的重點就是飽足感。在臺灣人看來可能有點「無聊」的菜色，以及幾乎到處都是的馬鈴薯，立陶宛人幾乎可以每週都吃呢！

馬鈴薯煎餅是立陶宛餐廳菜單一定會有的一道料理

馬鈴薯煎餅 (Bulviniai blynai)

　　馬鈴薯就是立陶宛的主食，一個禮拜要吃好幾次，因此也發展出了好幾種馬鈴薯變化料理。相較於接下來會提到的立陶宛肉圓(Cepelinai)和高麗菜捲(Balandeliai)，馬鈴薯煎餅可以說是立陶宛的懶人料理。

　　每個立陶宛家庭的馬鈴薯煎餅食譜稍有不同，主要作法是將馬鈴薯磨碎，水分擠掉調味後煎成鬆餅狀。煎好的馬鈴薯餅可以搭配煙燻鮭魚、培根、酸奶或蘑菇醬。

老城區的 Etno Dvaras
經常高朋滿座

製作方法

立陶宛肉圓 (Cepelinai)

說到立陶宛傳統料理，最有名的以Cepelinai莫屬，樣子很像肉圓，因此我稱它為立陶宛肉圓。Cepelinai作為立陶宛國菜，儘管有著超過百年的歷史，但它原本的名字其實是Didžkukuliai (意思是大的肉丸)，在20世紀齊柏林飛船(Zeppelin)問世後，因為外形相似才被改名為Cepelinai (立陶宛的c發音類似注音的ㄘ)。

據說Cepelinai的誕生，原本是作給飢餓工人吃或是在寒冷的冬天提供飽足感與熱量的食物。隨著歷史傳承，變成當今的國民食物。

製作Cepelinai的食材雖然簡單，但它卻是一道非常費時費工的料理。首先是外皮製作，需先將生馬鈴薯磨成碎泥，用紗布包覆將水分擰乾，再加入煮熟的馬鈴薯泥和太白粉後揉成馬鈴薯麵團。

Cepelinai的內餡通常是豬絞肉，加入先炒香過的洋蔥和喜歡的香料及調味料拌勻後，就可以用做好的外皮將餡料包裹成飛船的形狀，再以水煮方式煮熟即可上桌。

當然，立陶宛人在吃Cepelinai時也會搭配酸奶。除了酸奶，另一種受歡迎的搭配醬料，是用培根炒洋蔥後的鹹香豬油醬(Spirgučiais)，也因此整體來說Cepelinai是熱量很高的一道料理。

由於製作不易，加上大部分的立陶宛餐廳都有Cepelinai這道菜，價格也不貴，如今立陶宛人只有特殊節日，例如慶祝馬鈴薯收成的秋天，才會自己在家做Cepelinai了。

許多餐廳還會提供香煎版本，或是內餡包凝乳起司(Varške)的Cepelinai。來訪立陶宛的朋友可到知名餐廳Etno Dvaras 品嘗多種立陶宛傳統料理。

Etno Dvaras
⊙ Pilies g. 16, Vilnius　🌐 etnodvaras.lt/en

對臺灣人來說，Cepelinai 有點像是
外皮比較 Q 彈有嚼勁的肉圓

炸豬排 (Karbonadas)

另一道立陶宛國民菜餚是炸豬排 (Karbonadas)，在德國和中歐國家有個較為人知的名字是Schnitzel，作法相當簡單，豬排用調味料和香料醃製後，裹上蛋液和麵包屑香煎而成，是經常出現在餐廳菜單上的菜品之一。

炸豬排是立陶宛商業午餐常見的菜色

立陶宛套餐形式

立陶宛的套餐通常就是三個部分：肉品作為主菜，配上不同形式的馬鈴薯(薯泥、薯條、水煮馬鈴薯塊)，再配上一道冷蔬菜沙拉。

基輔雞肉捲 (Kijevo kotletai)

雖然是以烏克蘭首都基輔命名，但它的起源有些爭議。這道菜在前蘇聯國家非常受歡迎，立陶宛餐廳的商業午餐經常有這道菜色。

雞肉捲的作法是將雞肉打成片，將預先以蒔蘿和香料調味好的冷凍奶油塊捲入雞肉片中，經過裹覆麵粉、麵包粉、蛋液，接著把外表煎香定型後再送進烤箱。烤好的基輔雞肉切開後，變成液態的金黃色奶油緩緩流出並散發香氣，是一道特別又好吃的料理。

基輔雞肉捲也是一道高熱量食物

101

高麗菜捲 (Balandeliai)

Balandeliai在立陶宛文中是「小鴿子」的意思，不過這道料理跟鴿子可是一點關係都沒有。

Balandeliai跟我們熟悉的關東煮高麗菜捲有點類似，只是內餡部分除了豬肉，也可以依喜好換成雞、火雞或牛絞肉。除了較常見的水煮，還有放烤箱的版本。另外不同的地方，立陶宛高麗菜捲裡頭還會和著米飯。立陶宛人也喜歡用番茄醬調成醬汁淋在上面，再搭配酸奶享用。

雖然Balandeliai被立陶宛人認為是他們的傳統料理，但在鄰近東歐國家、烏克蘭、俄羅斯甚至德國其實都有類似的料理，只是食譜和料理的方式可能稍有不同。

Balandeliai是所有立陶宛遊子會想念的媽媽味料理

薩莫吉提亞煎餅 (Žemaičių blynai)

薩莫吉提亞(Žemaičių)是立陶宛西北部的一個民族地區，以這個地方命名的薩莫吉提亞煎餅也是馬鈴薯煎餅的一種，但它是用煮熟的馬鈴薯作為外皮，中間包著先炒熟的肉餡、蔬菜，或是凝乳起司，再下鍋將馬鈴薯外部煎香。猜猜看立陶宛人會搭配什麼醬吃呢？當然還是酸奶啦！

立陶宛大人小孩都喜歡的薩莫吉提亞煎餅

立陶宛薄煎餅 (Lietiniai blynai)

　　立陶宛薄煎餅和法式可麗餅有點像，是軟軟的薄外皮包上不同內餡，通常是條狀但也可做成不同形狀。立陶宛薄煎餅非常「多功能」，可以當成早餐、午餐甚至是晚餐的主食。

　　最為傳統的立陶宛薄煎餅內餡是凝乳起司(Varškė)，搭配果醬和酸奶。另外還有鹹煎餅的口味，以蘑菇和起司、火腿和起司為內餡。

立陶宛薄煎餅

老城區有名的煎餅店

位在老城區Gediminas主街上的La Crepe餐廳提供各式立陶宛美味鬆餅和煎餅，有傳統的也有改良的，可以來試試。

⊙ Gedimino pr. 13, Vilnius

🌐 www.lacrepe.lt/en

半月形餡餅 (Kibinas)

　　半月形餡餅嚴格來說不是立陶宛傳統料理，這是來自突厥少數民族：克里米亞的卡拉伊姆人(Crimean Karaites)的一道菜。立陶宛大公維陶塔斯在14世紀將卡拉伊姆人的一個分支，遷到當時的首都特拉凱(Trakai)，因此他們的傳統料理Kibinas被引進到立陶宛，漸漸變成在立陶宛到處都買得到的小吃，有些家庭也會自己烘焙這種餡餅。

　　傳統半月形餡餅包的是羊肉，但現在主要是豬肉或雞肉，調味後混台炒香過的洋蔥。剛出爐的餡餅有著香酥的外皮，和咬下去多汁的內餡，非常可口。除了包肉的，市面上也有其他包蔬菜、凝乳起司、蘑菇等其他口味。最經典的吃法，是餡餅配上一碗熱熱的高湯。

半月形餡餅配高湯是經典組合

馬鈴薯布丁 (Kugelis)

　　馬鈴薯布丁是一道受到德國菜影響的立陶宛料理，傳統上是用馬鈴薯、洋蔥、牛奶、培根和雞蛋混合後，用烤箱烤成蛋糕的樣貌，是一道立陶宛奶奶們常常做的家常料理，在餐廳較為少見。

　　馬鈴薯布丁的表層經過烘烤，口味焦脆，內部則濕軟綿密。和立陶宛肉圓(Cepelinai)類似，馬鈴薯布丁也經常搭配酸奶醬或鹹香豬油醬，是飽足感十足的高熱量食物。

馬鈴薯布丁配酸奶

餃子 (Koldūnai)

　　在中東歐和前蘇聯國家，餃子料理非常普遍，這種起源於西伯利亞的餃子也被叫做俄羅斯餃子，立陶宛名稱叫做Koldūnai。和我們會將絞肉混合高麗菜或韭菜的餃子不同，Koldūnai的傳統作法以碎豬肉、牛肉、雞肉或蘑菇作為內餡不加蔬菜，還有包凝乳起司的版本。餃子以鹹水煮熟後，搭配奶油、酸奶或豬油醬。

超市就可以買到各種冷凍餃子

凝乳起司餃子 (Varškės virtinukai)

立陶宛的凝乳起司餃子和其他餃子不同，它並沒有任何的內餡。作法是將凝乳起司、麵粉、雞蛋、砂糖混合揉至光滑後，切成小塊直接下水煮。吃起來有點像義大利的麵疙瘩 (Gnocchi)，也是一道立陶宛奶奶們經常做的家常料理。

凝乳起司餃子

馬鈴薯腸 (Bulviniai vėdarai) 和血腸 (Kraujiniai vėdarai)

馬鈴薯腸(Vederai) 是一種獨特而傳統的立陶宛美食，立陶宛人給他取了一個聽起來不大可口，卻非常易懂的名字：Shit out, potato in，意思是「大便出來，馬鈴薯進去」。

從立陶宛人給他取的名字大概就能猜到它的製作過程，其實就是將馬鈴薯與培根塞到豬腸中，放烤箱烤製而成。另外還有類似英國血腸(Black pudding)的版本，會在腸衣內放進穀物和豬血。這道料理在立陶宛人心中評價兩極，有些人覺得非常美味，有些不習慣吃內臟的人則拒於千里之外。

據說，這種馬鈴薯腸子料理在19世紀出現，因為當時生活條件艱苦，食物缺乏，人們也沒有太多時間準備食物，最重要的是得填飽肚子，也因此他們吃這道料理時，一樣會放上一大匙高熱量的酸奶和豬油醬。

不像臺灣人煮湯真的是要喝「湯」，立陶宛人的湯品經常有很豐富的碎料在裡面，馬鈴薯、蔬菜、豆子等等，有時候湯配麵包甚至就可以當他們的一餐了呢！

粉紅湯 (Šaltibarščiai)

粉紅湯是除了立陶宛肉圓(Cepelinai)以外，最有名的立陶宛傳統食物代表。這道有點像水彩顏料的湯品主要在夏天出現，因為它是……冷的，Šaltibarščiai的「Šalti」在立陶宛文裡就是「冷」的意思。

顏色看似化學，這道湯品的食材可都是來自立陶宛夏天產的天然蔬果。這個繽紛的粉紅色到底是怎麼來的呢？答案就是：甜菜根！如之前提到的，甜菜根在立陶宛是非常重要的食材，它是營養非常豐富的根莖蔬菜，外表跟大頭菜有點像，帶著非常深的紫紅色。

製作方法

每個立陶宛家庭的粉紅湯用的食材會稍有不同，但主要作法是以一種名為Kefir (立陶宛文 Kefyras) 的發酵牛奶為基底，將甜菜根、小黃瓜刨成細條狀，醃製或煮熟後放入，再加上一些青蔥和水煮蛋和些許鹽巴，最後加上有著特殊香味的蒔蘿調味，攪拌後靜置一下就大功告成啦！粉紅湯所呈現的顏色就是甜菜根的天然色素與發酵牛奶結合的成果。

粉紅湯通常會從冰箱拿出來，冰冰涼涼的上桌，搭配著水煮馬鈴薯一起吃。湯的質地因為發酵牛奶有點濃稠，口味鹹甜，立陶宛人在夏天會把它當開胃菜，或甚至是當作輕食解決一餐。

粉紅湯有著非常少女的顏色

粉紅湯使用的發酵牛奶

酸高麗菜湯
(Raugintų kopūstų sriuba)

烹飪歷史學家認為，高麗菜是在13世紀隨十字軍傳入立陶宛的。當時也是因為高麗菜，立陶宛大公國的軍隊才避免了在寒冷季節中面臨食物短缺的困境，高麗菜之後成為立陶宛人的主要蔬菜之一。

酸菜湯是立陶宛廚房最常見的湯品之一，作法也相當簡單。用排骨或五花肉熬湯，再加上自製或是直接可以在超市買到的發酵酸菜，以及些許洋蔥、蘿蔔絲和月桂葉，就是一道最適合冬天的湯品。

野蘑菇湯 (Miško grybų sriuba)

立陶宛有大片森林，盛產野蘑菇，它也成為當地人最喜愛的蔬菜之一。雖然蘑菇濃湯在歐洲各國都有，但在立陶宛你可以喝到森林野菇盛裝在黑麥麵包所做成的碗裡，十分特別的濃湯。享用濃湯時，每一口都還可以嘗到湯勺從麵包碗壁刮下的黑麥麵包，口感濃稠，還有濃濃的野菇味，喜歡菇類的朋友一定要嘗嘗看。

羅宋湯 (Barščiai)

想嘗試甜菜根湯，但又喝不習慣粉紅冷湯的朋友，有另一個選擇，那就是立陶宛羅宋湯(Barščiai)。羅宋湯在東歐有許多版本，但主要都是以甜菜根為主料，加上馬鈴薯、紅蘿蔔與些許肉塊熬煮而成。冬天來上一碗熱呼呼的羅宋湯，加上一小匙酸奶醬，暖胃又營養。

甜點 立陶宛人有下午茶的習慣,以下介紹多樣又有特色的傳統甜點,可以看出甜點可是他們飲食文化中相當重要的一部分喔!

樹蛋糕 (Šakotis)

樹蛋糕的起源據說可能來自某位波蘭皇后或是波羅的海的某個部落,直到16～18世紀強大的波蘭-立陶宛聯邦時期,樹蛋糕變得普遍和受歡迎。

雖然在波蘭、立陶宛和白俄羅斯都可以看到這樣的甜點,但樹蛋糕對立陶宛人來說似乎更為特別,是慶典、婚禮和重要節日,如聖誕節(因為它的形狀也很像聖誕樹)的重要甜點,也成為提到立陶宛必會聯想到的代表特產之一。

製作樹蛋糕的成分其實十分簡單,包含奶油、麵粉、雞蛋、酸奶和糖,但做工可不容易。傳統作法是在類似壁爐有開放明火的地方,橫向擺放鋼製模具並慢慢將麵糊倒在模具上旋轉,待第一層麵糊烤熟,再慢慢一層一層加上去。樹蛋糕刺刺的形狀就是在麵糊滴落時因為熱源而塑成的形狀。

在過去人工製作樹蛋糕的時期,一個樹蛋糕可是會花上2～5個小時的功夫。當然現在機械自動化,在立陶宛一般賣場就可以買到好吃的樹蛋糕啦!

傳統手工製作樹蛋糕的方式

如何挑選樹蛋糕

立陶宛超市通常會賣已經分成塊狀,或是紙盒包裝的小型樹蛋糕,雖然攜帶方便,但通常口感較硬。建議挑選袋裝,選擇有效期限較長、糕體較軟的樹蛋糕,越新鮮越好吃。

凝乳起司甜甜圈球 (Varškės spurgos)

　　凝乳起司甜甜圈球是伴隨著立陶宛人長大的甜食，是每個人熟悉的味道，更是童年的回憶。顧名思義，立陶宛的甜甜圈球是以凝乳起司作為主成分。作法很簡單，將凝乳起司篩成均質無顆粒的狀態，加入砂糖、雞蛋、麵粉或成麵糰，再揉成球狀，下鍋炸至金黃即可。

　　炸好的甜甜圈球外皮酥脆，內部蓬鬆軟綿，不論是搭配下午茶還是牛奶都是絕配。雖然一般烘焙坊或超市就可以買到甜甜圈球，但最好吃的還是在餐廳、露天市集攤販，或是自己在家現炸的甜甜圈球。

露天市集的現炸甜甜圈球特別好吃

懶人蛋糕 (Tinginys)

　　雖然和義大利的甜點「巧克力臘腸」極為相似，Tinginys卻被立陶宛人認為是他們道地的甜點。Tinginys中文意思是「懶惰的人」，直接暗示著這道甜點的製作有多麼簡單。完全不需要烤箱，只用碎餅乾(傳統會使用P.89提到的公雞餅乾)、可可、煉乳、奶油和糖混合或塑型而成，然後放冰箱靜置，待其稍微變硬就完成了，是不是真的很懶人呢？

蟻丘塔 (Skruzdėlynas)

　　蟻丘塔是另一個立陶宛傳統油炸甜點，因為其外觀得名。蟻丘塔作法也不難，在家就可以自己製作，首先用雞蛋和麵粉和成的麵團擀成薄片，切成小方形後下鍋油炸，炸好之後淋上由蜂蜜、水、奶油和酸奶做成的糖漿，一片一片堆疊上去變成塔狀，最後再灑上一些罌粟籽粉就做好了。鬆脆的麵團餅被有點黏的蜂蜜包覆著，說實在，跟我們的蜜麻花有點像呢！

超市可以買到一整座的蟻丘塔

百葉蛋糕 (Šimtalapis)

　　在15世紀被韃靼人引進立陶宛，百葉蛋糕不僅有個浪漫的名字，本尊也充滿了藝術感。百葉蛋糕是用酵母麵團擀成非常大的薄片，塗上奶油堆疊幾層後，放上與糖漿混和的罌粟籽和葡萄乾餡後捲起，最後再將麵團捲頭尾相接，連成圓圈狀進烤箱烘焙。經過烘焙，百葉的層次也就呈現蛋糕的剖面了。

　　百葉蛋糕在慶祝場合或節日很常見，製作上因為相當費工，大多數人會直接從商店購買，你也可以在一些烘焙坊或咖啡店嘗到。但要提醒的是，百葉蛋糕在製作時每層都撒上了很多糖，因此對臺灣人的口味來說可能會覺得過甜，可以和旅伴一起共享一塊，品嘗口味就好。

凝乳巧克力捲 (Varskės Sūrelis)

　　凝乳巧克力捲又叫做凝乳糖，但比起糖果，它更像是一種健康乳製品點心，在一般超市的冷藏區就可以買得到，是立陶宛大人小孩都喜歡的零食。

　　凝乳巧克力捲有點像是巧克力脆皮冰淇淋，只是冰淇淋的部分換成凝乳起司。最傳統的凝乳捲是香草口味的，但現在市面上也有可可、莓果、罌粟籽等許多其他口味，立陶宛人甚至會拿它當早餐吃呢！

蘑菇餅乾 (Sausainiai Grybukai)

　　連餅乾都要做成蘑菇的樣子，相信你也會同意立陶宛人真的很愛菇類。蘑菇餅乾是另一個立陶宛道地又懷舊的點心，但成分完全不含蘑菇，只有外型像是立陶宛森林裡最珍貴的蘑菇牛肝菌，而裡頭是薑汁口味的餅乾，用蘑菇形狀的模具烤製而成，最後再將餅乾的頭部和根部分別上不同顏色的糖釉。

　　雖然在某些大型超市就可以買到蘑菇餅乾，但和其他甜點一樣，在露天市集或是烘焙坊買到的新鮮蘑菇餅乾味道會更好。有著立陶宛特色的蘑菇餅乾，也非常適合當伴手禮喔！

啤酒小吃

不論是和朋友喝酒聚會，還是自己一個人看球賽，立陶宛有著配啤酒的標準配備點心，重要程度可不輸立陶宛的傳統正餐菜色哦！

香蒜炸黑麥麵包 (Kepta duona)

第一名的啤酒小吃非炸黑麥麵包莫屬，每個人都知道它熱量很高，但沒有人抗拒的了。立陶宛酒吧和傳統菜餐廳的菜單上一定有這道傳統料理，是來立陶宛必嘗小吃和開胃菜。

炸黑麵包的作法其實相當簡單，將切成細條狀的黑麥麵包搓上一些大蒜，短暫下鍋油炸直至酥脆就可直接享用，但更讓人魂牽夢縈的滋味，是淋上熱呼呼的起司醬或是美乃滋醬的口味。

炸黑麵包

煙燻豬耳朵 (Kiaulės ausis)

臺灣的朋友看到煙燻豬耳朵應該會覺得很親切吧？大多歐洲人不吃動物內臟，也不吃豬耳朵這類的食物。但如之前提到的，在以前困苦的時代，立陶宛人會盡量利用豬肉的各個部分，因此他們也有食用豬耳朵、豬鼻子等文化，煙燻過的豬耳朵是非常受歡迎的啤酒小吃，在某些傳統餐廳，豬耳朵料理甚至是一道主菜呢！

超市就買得到的豬耳朵小吃

煙燻肉片和起司

每個酒吧都有自己獨有的啤酒小吃拼盤，在立陶宛，啤酒拼盤的主角不外乎是各種煙燻火腿、香腸(包含P.95提到的斯基蘭迪斯香腸和豬油塊)、煙燻起司，配上酸黃瓜和橄欖。拼盤的特色是每種食物分量都不會多，就算不喝酒也很建議點個拼盤，試吃看看這些道地的立陶宛小吃喔！

啤酒拼盤

用不同種類麵包製作的炸黑麥麵包配沾醬、各式起司、火腿腸拼盤

啤酒是立陶宛最常見的酒精飲料，而在立陶宛市面上銷售的所有啤酒中，超過九成是當地品牌，立陶宛人們也驕傲地認為自己的啤酒是世界上最好喝的，立陶宛人平均每天會喝掉一杯啤酒。

在臺立友好關係建立初期，立陶宛啤酒在臺灣造成一波搶購熱潮，口感獨特受到不少好評，但很少人知道在立陶宛，除了沃福斯(Volfas Engelman)或蘇圖士(Švyturys)這種商業啤酒大品牌以外，當地由小型啤酒廠釀造的手工精釀啤酒(Craft beer)無所不在且更受歡迎，有許多外國遊客還因此慕名而來。

立陶宛手工精釀啤酒之所以特別，是因為他們傳統和獨特的釀造技術，當地的精釀啤酒通常是不經煮沸和過濾的生啤酒，保留了啤酒酵母的活性，因此口味較為濃厚，香氣也比較明顯。

啤酒文化

酒吧提供的新鮮拉霸啤酒

農家啤酒
Farmhouse Ale

立陶宛的本土啤酒釀造技術，可以追溯到好幾個世紀以前的農家啤酒(Farmhouse Ale)，這種歐洲的傳統是農民用自己的穀物釀造啤酒自己飲用，尤其是特殊節日或農作物收成後這些場合。每個農家用來釀造啤酒的成分和過程都有些不一樣，所以每個農家啤酒的味道也各有特色。

如今，立陶宛全境還是有50家以上的小型釀酒廠，多數在立陶宛北部地區。幸運的是你不需要跑到其他城市，在維爾紐斯的酒吧裡你就可以嘗到獨特的農家啤酒，有些酒吧本身就是小型釀酒廠，供應自家的新鮮手工精釀啤酒。來到立陶宛，你可以嘗到上百種口味的特色啤酒，包含南瓜、開心果、甜菜根，甚至培根等新奇口味。如果你是啤酒愛好者，一定要撥點時間拜訪當地酒吧喔！

不同的酒吧有不同的特色啤酒

商業啤酒

立陶宛幾個大的商業啤酒品牌有沃福斯(Volfas Engelman)、蘇圖士(Švyturys)、卡納皮里(Kalnapilis)、烏田納啤酒(Utenos Alus)、忍者(Gubernija)等等，從這裡就看得出來他們的啤酒產業發達，但其實立陶宛啤酒產業一度岌岌可危。

在蘇聯時期，因為蘇聯政府主要投資在生產伏特加的酒廠，立陶宛啤酒只能用陳舊、過時的設備生產。直到立陶宛獨立後，擁有現代化設備和先進技術的外國啤酒廠，為立陶宛人供應價格合理且品質優良的啤酒，使得進口啤酒一度占據了立陶宛35%的市場。

面對來自外國的競爭壓力，90年代的立陶宛啤酒廠透過併購或來自國外的投資，翻新了廠房和設備，改進了技術，也開始做廣告與行銷(蘇聯時期禁止酒精飲料廣告)，立陶宛的啤酒才得以取回市占率，我們今天才有機會在臺灣喝到好喝的立陶宛啤酒。

買酒小提醒

在立陶宛買酒還得看時辰？如之前提到的，因為立陶宛在過去有人民酗酒的情形，導致許多社會問題，因此政府於2018年推出許多針對酒精飲料的政策與控管，例如立陶宛的商家和酒類廠商不能對酒精飲料做廣告或促銷，還有限制酒精飲料購買時間的法令：週一到週六早上10點到晚上8點、週日到下午3點，是商店可以販售酒精飲料的時間，開學日9月1日當天則是完全不能賣酒。酒吧雖不受此時間限制，但購買的酒就只能在酒吧裡飲用，不可以帶出場。來到立陶宛的遊客們，可要注意時間避免向隅。

另外，立陶宛法定飲酒年齡是20歲以上，買酒結帳的時候要準備好證件，尤其是亞洲人看起來特別年輕，店員通常會要求出示證件。

立陶宛在9月1日不能賣酒

無酒精啤酒的選擇也很多

無酒精啤酒

過了買酒時間，但想要小酌一下的人們該怎麼辦呢？近年來各大啤酒廠都推出了無酒精啤酒，對消費者來說無酒精啤酒成了買不到啤酒，或是不能喝酒時的替代品。對於啤酒廠來說無酒精啤酒不受政府禁止推廣的限制，也可以幫助其銷售，可以說是啤酒產業創新所帶來的福音。

立陶宛市面上無酒精啤酒的種類以及口味也非常多樣，不能喝酒的朋友不妨嘗試看看無酒精啤酒，一樣可以體驗立陶宛的啤酒文化喔！

特色飲料

立陶宛好喝的當然不只有啤酒，接下來介紹一些其他代表性飲料。

蜂蜜酒
Midus

蜂蜜酒(Midus, 英文Mead)被認為是世界上最古老的酒精飲料之一。根據記載，立陶宛生產蜂蜜酒的習俗大約可以追溯到16世紀，它主要是由蜂蜜、穀物和水經過發酵後製成。立陶宛蜂蜜酒的酒精濃度從12%到75%都有，口感溫順，帶著獨特的蜂蜜香氣。如之前提過的，蜜蜂對立陶宛文化來說非常重要，因此立陶宛蜂蜜酒也是最能代表立陶宛的伴手禮首選喔！不過這邊也再次提醒攜帶酒精入境臺灣的免申報限額是1公升，要注意喔！

樺樹汁
Beržų sula

對立陶宛人來說，越天然的食物越美味，樺樹汁(Beržų sula，英文 Birch Sap)就是一種完全取自大自然，且一年只採收一次的珍貴飲品。立陶宛的數木約有五分之一是樺樹，樺樹在冬天時將養分儲存起來，到春天時這些養分會釋放在樹液中，隨著春天氣溫升高，樹液開始流動後就可以採集樺樹汁了。

樺樹汁的採集方法是在樹上鑽個小洞，樹液會緩緩流出。一棵樹可以產2～4公升的樺樹汁，採集完後必須將洞口補起來確保不會對樹木造成傷害。

樺樹汁顏色透明，含有豐富的礦物質、碳水化合物和微量元素，喝起來帶有一點特殊的甜味，被用來補充人們在冬季後身體缺乏的營養，也被認為可以緩解頭痛、失眠的問題，甚至養顏美容，因此被立陶宛人封為健康聖品。

每家餐廳自製的Gira，顏色和味道都不一樣

發酵飲料 克瓦斯
Gira

克瓦斯(Gira，英文Kvass)是一種發酵飲料。立陶宛的Gira是用黑麥麵包、糖、酵母和水製成的新鮮發酵飲料，有點像黑麥汁，味道酸甜帶點氣泡，小孩也可以喝，是夏天非常受歡迎的飲料。

最早的Gira食譜可以追溯到西元16世紀，當時就已在立陶宛貴族間受到喜愛。現在還是有許多傳統家庭會自己製作Gira，但更方便的是商店就可以買到，價格跟可樂差不多。在立陶宛幾乎所有餐廳和酒吧也都有販賣自製的Gira，是非常普遍的國民飲料。

賣場可以買到瓶裝的 Gira

更多了解立陶宛傳統美食

想要了解更多立陶宛傳統美食的介紹和製作方法，可以參考Youtube頻道 ▶ Skonių Kelias / Local Taste

立陶宛必訪景點

近幾年立陶宛吸引越來越多的遊客來觀光，但它仍然保持著純樸、不過度商業化的氣息。來訪的時候一定要放慢腳步，細細感受每個景點的故事和美麗。這篇跟大家介紹幾個主要城市以及必訪的觀光景點。

維爾紐斯
Vilnius

圖片提供：©Laimonas Ciūnys_Lithuania Travel

維爾紐斯的名字起源於流經這個城市的小河維爾尼亞 (Vilnia)，它自中古世紀成為立陶宛首都以來，曾經是歐洲的重要城市。維爾紐斯對不同族群和宗教的寬容，孕育了這個城市的多元樣貌，不僅是走遍多國的遊客，甚至是當地人都對維爾紐斯情有獨鍾，它的魅力只能等你親自來感受。

主教座堂內的聖加西彌祿禮拜堂

維爾紐斯主教座堂內部

The Cathedral Basilica of St. Stanislaus and St. Ladislaus

維爾紐斯主教座堂

⊙ Katedros a. 2, Vilnius
🌐 www.katedra.lt
🕐 週一～六 07:00 ～ 18:00，週日 07:00 ～ 19:00

作為聯合國教科文組織(UNESCO)認證的世界遺產，維爾紐斯的老城區有眾多觀光景點，維爾紐斯主教座堂就是位在最中心、也最顯眼的一個。在歐洲，教堂有多種等級，主教座堂是該教區主教的正式駐地，也被稱為大教堂。維爾紐斯主教座堂在1922年由羅馬教宗敕封為天主教「宗座聖殿」(Basilica)，是擁有特殊地位的教堂才能獲得的稱號。

維爾紐斯主教座堂經歷多次的火災、戰爭和地基問題而重建，每次的重建都反映了當代的建築風格，如今的主教座堂建築反映的是古典主義風格，但從牆壁還可以看得到有哥德式、文藝復興式和巴洛克式建築藝術的痕跡，教堂內部還藏了一座令人讚嘆的高頂巴洛克式聖加西彌祿禮拜堂(Chapel of Saint Casimir)，非常值得參觀。

教堂前方的鐘塔在13世紀時是用來防禦的建築，19世紀初才變成現在的模樣，現在仍可以看到裝置大砲的洞口。鐘塔開放付費參觀，登上塔頂可以眺望主教座堂和格迪米納斯主街的全景。鐘塔地下室可以前往參觀在教堂底下的陵墓，許多立陶宛和波蘭的大公和名人都埋葬在此。

在奇蹟之石上轉圈許願，願望會成真

　　如果你在主教座堂前停留，可能會看到有人教堂前面某塊地磚上原地轉圈，那是維爾紐斯最受歡迎的地點之一——奇蹟之石(Stebukla)。傳說只要站在奇蹟之石上，順時鐘繞3圈並許願，願望就會成真喔！也來試試看吧！

紀念格迪米納斯的紀念碑

　　佇立在大教堂旁的青銅像是格迪米納斯大公紀念碑(Monument to Grand Duke Gediminas)，是大名鼎鼎的格迪米納斯(Gediminas)大公，他是打造出特拉凱、維爾紐斯市的創始人，於1316～1341年間統治著立陶宛大公國，是立陶宛最著名的統治者之一，在立陶宛有許多地方都是以他的名字命名。在其統治期間，立陶宛面積是現今領土的兩倍。

　　他不只是一名偉大的統治者，還是一名出色的外交官。他在西元1323 年將首都從特拉凱遷都到維爾紐斯，並在寫給西歐國家的信中，第一次提到了維爾紐斯的名字，邀請許多菁英和猶太人們前來立陶宛定居，奠定和幫助了維爾紐斯的發展，而這一年也被認為是維爾紐斯市的生日年。

奇蹟之石

在奇蹟之石許願的遊客

維爾紐斯主教座堂和鐘塔

格迪米納斯大公紀念碑

格迪米納斯大街

Gediminas Avenue

格迪米納斯大街

◎ Gedimino pr., Vilnius

　　格迪米納斯大街是市中心的主幹道，一頭是維爾紐斯主教座堂，一直延伸到另一頭的立陶宛議會。走在這條長約1.8公里的大街上，你會看到林立的咖啡店、餐廳、商店、劇院和重要的政府機構，大街兩側的建築物充滿歐洲風情。格迪米納斯大街也是經常會封街，舉辦各種慶典市集、馬拉松活動的主要地點。

Gediminas Castle Tower

格迪米納斯塔

◎ Arsenalo g. 5, Vilnius

🌐 lnm.lt/en/museums/gediminas-castle-tower

🕐 每日 10:00 ～ 20:00（遇國定假日，營業時間有可能不同）

　　格迪米納斯塔建造於15世紀初，位於維爾紐斯老城區最高點之一，是想要 360 度全景欣賞這座城市的最佳地點，遊客可以步行或是搭乘付費纜車前往。從觀景台眺望，一邊可以將老城區的紅色屋頂美景和中古世紀風情盡收眼底，另一邊可以看到

截然不同的現代城市樣貌，以及立陶宛第二大河涅里斯河(Neris)。格迪米納斯塔現在是立陶宛國家博物館的分館之一，除了可以看看城堡內部的樣貌，裡頭的展覽詳細地介紹了關於維爾紐斯這座城市的歷史。

鐵狼傳說締造維爾紐斯首都

　　格迪米納斯塔還有個非常有名的傳說。相傳格迪米納斯大公去狩獵時，夢見了一頭在山頂嚎叫的鐵狼，當時信奉異教的格迪米納斯大公請祭司解夢，祭司告訴他這是一個預言，他必須將首都遷到這個地方，它將成為一個宏偉的城市，格迪米納斯大公因此將維爾紐斯打造成首都，如今的塔則是當時格迪米納斯大公建造的城堡建築群中僅存的一部分。也因為這個傳說，鐵狼成為維爾紐斯的象徵。

從格迪米納斯塔內窗戶向外看去的景色

格迪米納斯塔（圖片提供：©Laimonas Ciūnys_Lithuania Travel）

從格迪米納斯塔俯瞰立陶宛大公宮

大公宮模擬立陶宛大公們起居的樣子

The Palace of the Grand Dukes of Lithuania

立陶宛大公宮

📍 Katedros a. 4, Vilnius

🌐 www.valdovurumai.lt/en

🕐 6～8月週一～三、週日 10:00～18:00，週四～六 10:00～20:00；9～5月週二、三、五、六 10:00～18:00，週四 10:00～20:00，週日 10:00～16:00，週一休館

展示大公國時期歷史文物

　　立陶宛大公宮坐落於維爾紐斯主教座堂後方。在強盛的立陶宛大公國時期，大公宮是立陶宛的政治、外交、行政和文化中心。大公宮曾在19世紀被俄羅斯帝國損毀，在21世紀初隨著立陶宛解放運動開始進行修復重建工作，變成當今的樣貌。

　　現在的立陶宛大公宮是向民眾開放的收費博物館，展示立陶宛大公國時期的歷史、過去的建築型態、皇宮的內飾和大公們的日常生活，推薦給對立陶宛大公國時期歷史有興趣的朋友。

Vilnius University

維爾紐斯大學

📍 Universiteto g. 3, Vilnius

涵括多個時期的建築風格

　　維爾紐斯大學是波羅的海區最古老的大學。16世紀時，立陶宛貴族邀請了耶穌會會士前來建立高等教育機構，成立維爾紐斯學院以及圖書館，並於西元1579年升格為維爾紐斯大學。

　　如今的維爾紐斯大學不僅是立陶宛的最高學府，還由於維爾紐斯大學建築群在不同時間點完成，綜合了文藝復興時期、巴洛克、哥德式等建築風格，成為觀光客必訪的景點。

上：維爾紐斯大學校區一部分與巴洛克風格的聖若望教堂／下：維爾紐斯大學(圖片提供：©Go Vilnius. Gabriel Khiterer)

121

The Hill of Three Crosses
三十字架紀念碑

📍 Kalnų parkas, Vilnius

眺望美景賞夕陽的民主象徵地

三十字架紀念碑觀景台是另一個可以眺望市區開闊全景的制高點，天氣好的時候還可以看到幾十顆飄越城市的熱氣球，也是觀賞立陶宛夕陽的熱門景點。

根據一個歷史事件的傳說，有7名方濟各會修士在這座丘上被當時的異教徒處死，人們因此在此佇立十字架的紀念碑。紀念碑最開始是木製的十字架，經歷倒塌重建，又被蘇聯政府

三十字架

摧毀。現在混凝土材質的白色三十字架紀念碑是1988年，立陶宛反俄的改革運動期間重建的作品，是立陶宛人抵抗蘇聯壓迫的象徵。

儘管背後有個悲傷的傳說，三十字架紀念碑如今成為象徵立陶宛自由的紀念碑之一。在夜晚，三十字架紀念碑通常會用立陶宛國旗的黃、綠、紅三色打亮，如果有特殊的國際事件發生，也會換成相關國家的國旗顏色燈光。

從三十字架看到格迪米納斯城堡和老城全景

上：熱鬧的市政廳廣場／下：維爾紐斯市政廳廣場
(圖片提供：©Laimonas Ciūnys_Lithuania Travel)

Town Hall Square
市政廳廣場

📍 Town Hall Square, Vilnius

活動、展覽及商家林立

維爾紐斯市政廳是新古典主義風格的建築代表，市政廳前三角形的廣場，在過去主要是市集和商業中心，也曾經是進行處決的地方。今日的市政廳有許多表演活動和展覽，廣場上經常舉辦市民活動，周圍有許多餐廳、酒吧以及高檔服飾店，是立陶宛人聚會的熱門地點。在廣場附近的Amber Queen琥珀博物館則是外國遊客最愛的景點之一。

St. Anne's Church

聖安娜教堂

⊙ Maironio g. 8, Vilnius
🕐 週一不開放，週二～五 16:30 ～ 19:00、週六 10:30 ～ 19:00、週日 09:00 ～ 17:00

連拿破崙都想擁有的美麗教堂

聖安娜教堂建築群

維爾紐斯的聖安娜教堂是立陶宛最美麗、也最具代表性的哥德式建築。聖安娜教堂於15世紀末建造，今日樣貌和500年前的原始哥德式布局和建築沒有太大的差異，能夠在立陶宛歷史上經歷多次戰爭後被保存下來，非常難得。

這座令人印象深刻的教堂使用了33種不同的陶磚，建築主立面的華麗哥德式設計是最吸引人注意的部分，教堂內部和祭壇則是巴洛克風裝飾。

聖安娜教堂也有一個有名的傳說，據說拿破崙皇帝在 1812 年法俄戰爭期間看到這座教堂的美後，表示希望將聖安娜教堂「放在他的手掌中」帶回巴黎呢！

左上：聖安娜教堂內部／右上：聖安娜教堂使用了數十種陶磚

Gates of Dawn

黎明之門

⊙ Aušros Vartų g. 14, Vilnius ⊕ www.ausrosvartai.lt
🕐 5～10月每日06:00～19:00；11～4月每日 07:00～19:00

黑面聖母像坐鎮禮拜堂中

建造於16世紀初，黎明之門原本是維爾紐斯防禦城牆的一部分。當時城牆有10座城門，但倖存到現在的只有黎明之門，在城牆的那一側還看的出來裝置射擊的砲口。

今天的黎明之門是立陶宛最重要的宗教古蹟之一，因為這裡有一座「黑面聖母像」的聖母禮拜堂，相傳這裡的黑面聖母不但保護了大公國時期與瑞典軍隊對戰的立陶宛人，而且非常靈驗，吸引了世界各地的信徒前來祈禱膜拜。

黎明之門城牆側

上：黎明之門禮拜堂(圖片提供 ©Go Vilnius)／右：聖母禮拜堂裡禁止拍照(翻拍自磁鐵紀念品)

St. Peter and St. Paul's Church
聖彼得和聖保羅教堂

Antakalnio g. 1, Vilnius vilniuspetropovilo.lt/en
每日 06:30 ～ 18:45

巴洛克式建築與兩千件精緻雕像

聖彼得和聖保羅教堂是17世紀下半葉建造的教堂，當時它的創始人、立陶宛大公國的高級官員Mykolas Kazimieras Pacas打造了這座教堂，據說是為了紀念這座城市從俄羅斯手中得到解放。

由於距離老城區有點距離，外表看起來又沒有什麼特別之處，經常被遊客給忽略掉，但它可是維爾紐斯最著名的巴洛克式教堂。教堂內部有超過兩千件精雕細琢的灰泥雕像，加上充滿裝飾細節的天花板、內壁和圓頂，華麗又莊嚴的氣氛，讓人一走進去就不自覺發出讚嘆，因此也被公認為是世界上最美天主教教堂之一。如果你對建築景點情有獨鍾，但沒來拜訪聖彼得和聖保羅教堂，就等於白來立陶宛了喔！

華麗的教堂內部

聖彼得和聖保羅教堂外觀(圖片提供 © Go Vilnius)

Station District
車站地區

Geležinkelio g.16, Vilnius

體驗立陶宛夜生活之處

維爾紐斯的火車站區在過去被認為是治安較為複雜的區域，但近年來隨著城市和觀光的發展，漸漸轉變成另一個充滿文化活動和夜生活的地區，有著多幅著名的街頭藝術壁畫、巨大的《黑道家族》雕像、文藝酒吧、咖啡館和異國美食，被全球知名城市生活雜誌《Time Out》評選為2021年「49個世界上最酷街區」名單的第五名，僅次於哥本哈根、芝加哥、首爾、愛丁堡等大城市。想體驗立陶宛夜生活，來這裡就對了。

維爾紐斯火車站

車站區Peronas酒吧的《黑道家族》雕像

車站地區街頭藝術
(創作者：義大利藝術家 Millo)

Republic Of Užupis
對岸共和國

(IG) uzupisrepublic

　　法國有蒙馬特，立陶宛則有對岸共和國。Užupis，該字的字面意思就是河的對岸，它大概是立陶宛最有趣的一個地區。這個不到1平方公里的小區位於維爾紐斯老城區東邊，在蘇聯時期，這是一個比較貧窮的區域，蘇聯解體以後，這裡吸引了很多藝術家來創作，這群藝術家居民決定在1998年的愚人節宣布在這裡獨立建國。與其說是一個國家，這比較像是一個藝術家的烏托邦，充滿了自由的氣息和各式各樣的藝術品。

西藏廣場為了支持西藏自由

　　緊鄰著對岸共和國有個西藏廣場，是為了支持西藏人權和自由而設立。據說在1990年立陶宛宣布從蘇聯獨立後，達賴喇嘛發了電報表示支持，比任何一個國家都要早。達賴喇嘛也曾在2001年造訪維爾紐斯和對岸共和國，後來在支持西藏的立陶宛團體申請下，正式將此廣場命名為西藏廣場，是立陶宛支持自由理念的證明。

對岸共和國的憲法牆上掛著翻譯成超過30種語的憲法，包含了正體中文。地址：Paupio g. 3A, Vilnius

世界上最有趣的憲法

　　這個「國家」有自己的總統、國會、貨幣、郵票，甚至還有自己的憲法，憲法的內容充分展現了對岸共和國奉行的自由精神，還有一些相當有趣的法條，例如第十二條：每隻狗都有權去做狗；第十三條：每隻貓沒有義務要愛牠的主人，但必須在需要的時候提供幫助。

入境前的標誌，蒙娜麗莎標誌意思是進入此區域要保持微笑

上：對岸共和國內的特色藝術／右：西藏廣場上的建物與經幡

對岸共和國小店裡販賣的藝術商品

博物館入口

博物館裡展出許多重要的資料照片與
文件

死刑室

Museum of Occupations and Freedom Fights (KGB Museum)

克格勃博物館

📍 Aukų g. 2A, Vilnius   🌐 genocid.lt/muziejus/en

🕐 週一、二休館、週三～六 10:00 ～ 18:00、週日 10:00 ～
17:00

　　維爾紐斯市中心的「占領和自由抗爭博物館」是立
陶宛最黑暗、也最讓人感到沉重的博物館。該博物館
位於曾經是蘇聯情報機構克格勃(KGB)立陶宛總部的
地點，因此當地人也稱它為「克格勃博物館」。

　　博物館裡展示了立陶宛在蘇聯占領時期的分段歷
史，包含初期如何蘇維埃化立陶宛，立陶宛人如何
躲進森林裡與蘇軍進行游擊戰(著名的森林兄弟)，以
及蘇聯如何將政治犯遣送到古拉格勞改營(Gulags)；
流放到西伯利亞集中營的立陶宛人，又是過著怎麼
樣的悲慘生活。透過許多珍貴的文件和照片，將當
年沉痛的歷史歷歷在目地呈現在訪客眼前。

　　博物館最令人毛骨悚然的是在地下室的牢房和死
刑室，1944～1960年代初期，有超過一千名囚犯在
地下室被處決，其中約三分之一是因為抵抗占領。
當時不服從或反抗的人被逮捕後，除了被處決、遣
送以外，還有些人被關到監獄中過著極端不人道的
生活。在這裡你可以感受這些被害者如何在狹小、
冰冷的牢房受到折磨。

　　雖然是沉重的歷史，但對於希望了解立陶宛近代
歷史的遊客來說，這個博物館是必訪景點。

左：博物館地下室牢房／右：KGB 監聽設備

維爾紐斯電視塔的塔邊遊走體驗(圖片提供：Vilnius TV Tower)　　維爾紐斯電視塔

Vilnius Television Tower

維爾紐斯電視塔

- Sausio 13-osios g. 10, Vilnius
- tvbokstas.lt/en
- 觀景台：每日 11:00 ～ 21:00；餐廳：每日 11:00 ～ 22:00

　　維爾紐斯電視塔建設於1980年，是立陶宛最高的建築，高326.5公尺。購買門票後(週一～四11歐元，週五～日14歐元)，可以前往電視塔165公尺處的第19層(大約是一般公寓建築的55樓高)，這裡有個旋轉景觀餐廳Paukščių takas(銀河的意思)，每55分鐘會轉完一圈，可以在這裡一邊享用歐式料理，一邊欣賞又綠、又平坦的立陶宛和一望無際的地平線。但餐廳的位置不多，有計畫前往的話一定要事先訂位。

　　對於立陶宛人來說，維爾紐斯電視塔不只是一個可以欣賞景色的地標建築，還因為1991年爭取獨立的一月事件(詳見P.30)而成為為了自由抗爭的象徵。現在的電視塔作為「自由抗爭博物館」，對立陶宛獨立的歷史和這起事件皆有詳細介紹。

塔邊遊走體驗高空漫步

　　如果你喜歡刺激活動且不懼怕高度，你得把維爾紐斯電視塔納入必訪名單，因為有塔邊遊走體驗行程。塔邊遊走(Edge Walk)是維爾紐斯電視塔於2022年才新推出的體驗活動，遊客可以在穿上有繩子綁住的防護裝備後，於170公尺高、沒有圍欄的狀況下，沿著電視塔開放式露台的邊緣漫步。塔邊遊走體驗的費用為55歐元/人，需先透過官方網站上的電子郵件或聯絡電話預約。

　　膽子不夠大的朋友也沒關係，你可以選擇在開放露台有安全網的地方，一樣可以呼吸立陶宛高空的空氣，同時享受無邊無際的自然美景。

Paukščių takas
景觀餐廳

Vilnius White Bridge

白橋

◎ Upės g. 6, Vilnius

白橋(Baltasis tiltas)是維爾紐斯涅里斯河(Neris)上的一座人行天橋，橋的一端是老城區的景色，另一端是截然不同的新興高樓區。除了可以欣賞河岸風光，這區有著各式免費休閒設施：籃球場、沙灘排球場、極限運動場地、兒童遊戲設施等，還有廣大綠地，經常有演唱會和市民活動，是非常受立陶宛當地人喜愛的休閒場所。

白橋

可體驗獨木舟行程

如果想要體驗立陶宛人很愛的獨木舟行程，但又不方便移動到郊區，可以預訂在涅里斯河的獨木舟體驗，因為河流平穩，對新手來說也非常安全，可以輕鬆不費勁的順流而下，享受沿途的維爾紐斯風景，而涅里斯河的獨木舟行程終點就是在白橋區。

充滿活力的河岸景區

天氣好的時候，許多人就坐在草地聊天，在河岸邊騎腳踏車或散步。根據風向狀況，白橋區偶爾會是熱氣球起飛的地點，若幸運的話，還可以看到數十個熱氣球升空的景象，非常壯觀。

白橋區有個美食商圈與酒吧Baltasis Tiltas Food Hall，附近還有小購物商場CUP，5樓的餐廳可以欣賞立陶宛白橋區和涅里斯河景色。如果你想體驗立陶宛慢步調、卻又充滿活力的生活，一定要來這裡。

・**Kayak獨木舟租賃商家：**

Vilniaus Baidares、BaidaresVilniuje.lt

白橋區的免費運動設施(圖片提供：© Go Vilnius. Saulius Žiūra)

白橋區是維爾紐斯熱氣球起飛地點(圖片提供：© Go Vilnius)

涅里斯河是熱門的獨木舟活動地點

十字架山
The Hill of Crosses

Piliakalnio str. 7, Domantų k., Šiaulių r.

立陶宛赫赫有名的十字架山位於立陶宛北部的第四大城希奧利艾(Šiauliai)，儘管位在較為難抵達的地區，十字架山的宗教地位和象徵，每年仍吸引了成千上萬來自世界各地的朝聖者。雖然中文翻譯成「山」，但嚴格說來比較像是一座丘。

勇敢反抗與追求自由的證明

據說在這裡豎立十字架的歷史始於西元1850年或是更早，最初是為了紀念因反抗俄羅斯沙皇政府被殺害的犧牲者，在後來其他的抗爭後，十字架的數目也越來越多，十字架山逐漸變成聖地，吸引朝聖者前來。在蘇聯統治時期，蘇聯政府認為十字架山是立陶宛人反抗的象徵，幾番破壞、燒毀、移除，甚至嘗試把小丘剷平。

不過勇敢的立陶宛人當然沒有放棄，就算蘇聯派出軍隊看守，立陶宛人還是有辦法趁著黑夜潛入豎立起新的十字架，直到立陶宛獨立後，十字架更是如雨後春筍般快速增加，全世界也都注意到了這個神聖的地方，教宗若望保祿二世還於1993年前來此地祈禱。

今天的十字架山有超過15萬個不同材質、大小的十字架，還有耶穌、聖母瑪利亞與各種愛國象徵的雕刻品，它除了是天主教的朝聖地點和遊客拍照的景點，對立陶宛人來說更是代表他們信仰、希望與自由的強大象徵。唯一小建議是要趁白天參觀，雖然說是聖地，但入夜後的十字架山還是有點毛骨悚然的。

考納斯
Kaunas

　立陶宛第二大城考納斯曾有「小巴黎」之稱，它不僅是一座古老傳統的城市，還曾經是商業樞紐，如今是立陶宛的工業中心。考納斯還以色彩繽紛的街頭藝術和兩次世界大戰期間的建築而聞名，並被歐盟指定為2022年的三個歐洲文化之都之一(European Capital of Culture)，另外兩個文化之都分別為塞爾維亞的諾維薩德(Novi Sad)，和盧森堡的阿爾澤特河畔埃施(Esch-sur-Alzette)。雖然跟維爾紐斯相比沒有這麼現代都市化，但散發著自己的特色風情，是來到立陶宛一定要造訪的城市。

Kaunas Old Town
考納斯老城區

考納斯老城區的主街是維爾紐斯街(Vilniaus gatve)，除了迷人歐洲風情的彎曲巷弄，景點數不勝數，這裡列舉幾個最知名的必訪地點。

Town Hall Square
市政廳廣場

⊙ Rotušės a. 15, Kaunas

除了古典教堂，有熱鬧市集與餐廳

上：考納斯市政廳／下：市政廳廣場

　　市政廳廣場位於考納斯老城區的中心位置，廣場圍繞著16世紀建造的市政廳，遠遠就可以看到其8層高的塔樓。現在市政廳的樣貌是18世紀時重建後的晚期巴洛克和古典主義風格。

　　廣場上還有另一個引人注意的粉色巴洛克式建築，是17世紀建造的耶穌會聖方濟・沙勿略教堂(Church of St. Francis Xavier)，裡頭的露台可以欣賞到市政廳廣場的美麗景色。廣場周圍有許多餐廳與酒吧，以及不定期的活動與市集，到了傍晚更是熱鬧。

Kaunas Castle

考納斯城堡

⊙ Pilies g. 17, Kaunas　🌐 kaunomuziejus.lt/pilies_skyrius
🕐 6～8月週二～六 10:00～18:00，週日 10:00～16:00；9～5月週二～
五 10:00～18:00，週六 10:00～17:00

最早期的哥德式風石造城堡

考納斯城堡建造於14世紀，位於立陶宛第一大河尼曼河(Nemunas)，和第二大河涅里斯河(Neris)交匯處的戰略位置，有著哥德式的建築設計，是立陶宛最早的石造城堡之一，也是唯一一座擁有兩排防禦牆的城堡，為的是抵禦十字軍的攻擊。考納斯城堡也有個有名的神祕傳說，據說當時城堡的主人波蘭王后與立陶宛大公夫人Bona Sforza把她的軍隊留在城堡的地牢中並忘記他們的存在。考納斯人相信這些可憐的士兵們仍然站在城堡下，等待著在需要時現身，以保衛考納斯城堡。今日的城堡大約是僅存的三分之一的遺址，現在也是考納斯市博物館的分館之一，展示了考納斯城堡的歷史、生活，建築轉變等等。

左上：城堡前的騎士雕像／上：考納斯城堡

考納斯主教座堂華麗的內部

Cathedral-Basilica of St. Peter and St. Paul

考納斯主教座堂

⊙ Vilnius g. 1, Kaunas　🌐 www.kaunoarkikatedra.lt

華麗的教堂內裝，絕不容錯過

考納斯主教座堂是立陶宛唯一一個聖殿座堂等級的哥德式教堂。大教堂建於15世紀，但因為經過多次重建，內部裝飾融合了文藝復興、巴洛克、古典主義、新哥德式和新巴洛克式的建築特色。教堂外觀看起來樸素，但裡面的壁畫、雕像、廊柱裝飾之精美，甚至比維爾紐斯主教座堂還華麗，是來到考納斯一定要進去主教座堂參觀的原因。

考納斯主教座堂外觀

Aleksotas Funicular

阿列克索塔斯地面纜車

📍 Amerikos lietuvių g. 6, Kaunas
🕐 每日 07:00 ～ 19:00 (12:00 ～ 13:00 午休)

體驗復古地面纜車

　　阿列克索塔斯丘(Aleksotas Hill)雖然已經不在老城區的範圍，但是可以隔著立陶宛最大河流尼曼河(Nemunas)欣賞考納斯老城區全景的最佳地點，遊客可以搭乘阿列克索塔斯地面纜車上坡前往。阿列克索塔斯地面纜車於1935年建造並營運至今，歷史悠久的車廂、木製座椅和月台都還是保留著原來的樣貌，讓人有種回到過去的感覺。

上：從阿列克索塔斯丘眺望老城區的景色
／下：阿列克索塔斯地面纜車

Laisvės Avenue

自由大道

考納斯的自由大道是歐洲最長的人行街道，總長約1.7公里。與維爾紐斯的格迪米納斯大道不同，自由大道車子無法通行，且街區方正，大道上有許多咖啡館、酒吧、餐館和舒適的小商店，是當地人散步和聚會的主要地點。

Spurginė 甜甜圈店

📍 Laisvės al. 84, Kaunas

美味甜圈圈，當地人的回憶滋味

　　Spurginė 是考納斯的甜甜圈老店，已經經營了將近40年，裝潢也保留著原始的年代感。他們的現炸甜甜圈是一盤一盤的出爐，賣完一盤才會再炸下一盤，甜的鹹的都有，那樸實的美味是許多考納斯人從小到大的回憶。

考納斯中央郵局

⊙ Laisvės al. 102, Kaunas

現代主義建築風格

　　自由大道上有數個兩次大戰期間的建築，都被歐盟授予歐洲遺產標籤，1930～1932年間完成的中央郵局是最具代表性的建築，另外還有牛奶加工公司「PIENO CENTRAS」的總部、考納斯市政府等。中央郵局圓弧的外牆設計成為當時許多私人建築效仿的對象，是考納斯現代主義建築(詳見P.59)的明顯特點。

考納斯中央郵局

牛奶加工公司 PIENO CENTRAS

聖彌額爾總領天使教堂

⊙ Nepriklausomybės a. 14, Kaunas

拍婚紗照的熱門地

　　自由大道上最顯眼的地標非聖彌額爾總領天使教堂莫屬。眼尖的你可能會發現它長得跟其他立陶宛哥德式、巴洛克式的教堂不一樣，因為聖彌額爾總領天使教堂是在1891～1895年間由占領考納斯的俄羅斯帝國所建造，採用新拜占庭式風格，作為給當時俄羅斯駐地軍人使用的東正教教堂。教堂在一戰後轉變為天主教教堂。

聖彌額爾總領天使教堂是拍婚紗照熱門地點

聖彌額爾總領天使教堂

立陶宛必訪景點

考納斯

133

特拉凱
Trakai

特拉凱曾經是立陶宛大公國時期的首都，立陶宛人提到特拉凱時，一定會聯想到一座宏偉的哥德式紅磚城堡佇立在湖的中央，中古式的樣貌就像是童話故事裡才會出現的夢幻場景，這就是立陶宛大名鼎鼎的特拉凱城堡，是所有國外旅客來到立陶宛必定會造訪的觀光景點。

Trakai Island Castle

特拉凱湖中城堡

⊙ Kęstučio g. 4, Trakai　⊕ trakaimuziejus.lt/en
🕐 3、4、10、11 月週二～日 10:00 ～ 18:00；5 ～ 9 月週一～日 10:00 ～ 19:00；12 ～ 2 月週三～日 10:00 ～ 18:00

　　特拉凱城堡是東歐唯一一座蓋在水上的城堡，其位於加爾維湖(Lake Galvė)的一座島上，要前往得先經過兩座長長的木橋。它的建造始於14世紀下半葉，是立陶宛大公國時期的中心和大公們的住所。儘管位在湖中的戰略位置有助於軍事防禦，但仍抵擋不住當時條頓騎士團的攻勢，曾經嚴重損毀後又重建，隨著後來敵人的戰敗，特拉凱逐漸失去它的戰略地位，變成華麗的貴族居所。

重建後的城堡現為博物館

　　17世紀時，特拉凱城堡在立陶宛與莫斯科大公國的戰爭中又受到摧毀，之後年久失修，直到19世紀才又被當局重視，開始重建計畫，今天的我們才有機會再次看見特拉凱城堡在15世紀的面貌。

　　特拉凱城堡現在是對外開放的博物館，除了可以一窺城堡內庭以及大公居所的模樣，裡面也展示了許多立陶宛和特拉凱的歷史資料、貴族們的用品和家具，以及一些古文物。

左：如詩如畫的特拉凱城堡佇立在湖中央／右：特拉凱博物館也展出18世紀貴族的房間擺設與家具

湖之國體驗多樣湖上休閒活動

特拉凱距離維爾紐斯僅約30分鐘車程的距離，以多湖而聞名。這區有超過200個大大小小的湖泊，在風光明媚的夏天，可以看到許多人在特拉凱湖中游泳，玩立槳、划獨木舟或踩船，有時也有風帆、賽艇競賽，坐在湖邊欣賞這一切就可以讓人放鬆身心。

立陶宛最著名偉人維陶塔斯大帝 (Vytautas the Great) 曾住在特拉凱城堡

The Hill of Angels

天使之丘

天使之丘(The Hill of Angels)是特拉凱的一個新興景點，兩位立陶宛人在2009年發起了這個理念，原先計畫是在丘上放置10個天使像，象徵不同的世紀，以紀念立陶宛1000週年(立陶宛於西元1009年首次在書面中被提及到)。

這個計畫受到許多人的支持，今天天使之丘上有超過40座大大小小、象徵基督教不同價值(如：愛、和平、善良、生命等)的木製天使以及聖徒雕像，還有許多金屬鍛造的太陽狀十字架，就算不是基督徒，這些展現立陶宛傳統木製工藝的雕像也很值得欣賞。

天使之丘的木雕

順 / 遊 / 必 / 吃

半月形餡餅

來到特拉凱沒有去Senoji Kibininė吃半月形餡餅(Kibinas，詳見P.103)，那旅程就不算完整了。Senoji Kibininė是當地老牌餐廳，供應經典的立陶宛傳統料理，以及各種口味的餡餅，餐廳在老式木造房子裡面，在裡面用餐別有一番風味。

🖈 Karaimų g. 65, Trakai

Senoji Kibininė是特拉凱當地最有名的餐廳

半月形餡餅是來到特拉凱必吃的食物

135

克萊佩達
Klaipėda

來到立陶宛第三大城克萊佩達，這是位於立陶宛西部的唯一的海港城市，自13世紀開始到一戰結束前為德國政權統治的城市，因此建築風格與立陶宛的其他城市不同，和德國、丹麥比較類似。

一戰後克萊佩達市中有七成的人口為德國人，這個結構在蘇聯占領期間發生巨大改變，由來自俄羅斯、白俄羅斯、烏克蘭和立陶宛地區的其他居民取代，不過這個地區現在還是有很多人說德文，也是德國遊客特別愛來的地方。

另外可惜的是，克萊佩達城區六成的建築在二戰期間被損毀，主要教堂也在蘇聯占領的蘇維埃化期間被摧毀，因此失去許多原有的特色，但重建後的克萊佩達市充滿創意和藝術小驚喜，比起其他立陶宛城市多了點「可愛」的氣息，若時間足夠，建議也前來走走喔！

迷人的港都風情與裝置藝術

克萊佩達市的新、舊城區被Danės河分隔開，河畔的Danės廣場(The Danės square)是感受這裡港都風情的最佳地點，可以看見停靠的大小船隻。這裡還有克萊佩達最重要的地標：Meridianas船，它原本是一艘用來培訓船長和水手的船，現在則永久停靠在Danės河畔，成為克萊佩達有名的高檔餐廳。

克萊佩達的港口風情

來到河的另一邊，在老城區可以悠閒地散步欣賞景色，特別的是這裡有許多青銅雕像藝術，包含許願金鼠、神祕黑色幽靈和可愛的紳士貓等等，每個雕像都有一些傳說或故事。有的雕像旁邊會有QR碼，掃碼後就可以聽到雕像跟你「說」關於它的故事，來到這裡不妨透過一場「尋找雕像之旅」來探索克萊佩達老城。

Meridianas船

從海中爬出來的神祕黑色幽靈銅像

波羅的海海邊周圍度假地

除了世界文化遺產庫爾斯沙嘴(詳見P.17)和有名的尼達(Nida)度假小鎮以外,克萊佩達縣還有其他受歡迎的海邊度假地點:

·斯米爾堤內Smiltynė

斯米爾堤內位於庫爾斯沙嘴的最北端,從克萊佩達市區坐渡輪只要10多分鐘就可以抵達,對於沒有自己開車的遊客來說是最方便抵達的海灘。斯米爾堤內海灘在2020年被授予歐洲高水準「藍旗海灘」(Blue flag beach)的資格,水質乾淨且安全,是親子旅遊的好去處。

·帕蘭加Palanga

帕蘭加是最受當地年輕人喜愛的海邊,因為物價較尼達便宜,交通也相對方便。帕蘭加大街上有許多餐廳以及遊樂場,相當熱鬧。沿著大街走到底就會抵達海邊,可以走上長達470公尺的木造碼頭,欣賞沙丘和大海。

帕蘭加大街

帕蘭加的木造碼頭 (圖片提供：©Laimonas Ciūnys_Lithuania Travel)

·什文托伊Šventoji

什文托伊是立陶宛人公認品質最好的沙灘之一，有著又細又白的軟沙，且不像帕蘭加那麼熱鬧，因此受到中、老年輩的立陶宛人喜愛。來到這裡除了一定要踏踏海水，感受波羅的海的冰涼，也一定要吃吃看立陶宛人很愛的燻魚。

在什文托伊海邊販售煙燻魚的小船

Palanga Amber Museum

帕蘭加琥珀博物館

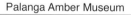

◎ Vytauto g. 17, Palanga　🌐 www.lndm.lt/pgm
🕐 6～8月週二～六 10:00～20:00，週日 10:00～19:00；9～5月週二～六 11:00～17:00，週日 11:00～16:00

位於帕蘭加的琥珀博物館是世界上最大的琥珀博物館之一，這裡有著超過3萬件的琥珀展品，有一半以上的收藏是含有昆蟲、蜘蛛、植物等在裡面的特別琥珀。透過博物館的介紹，可以更深入的了解立陶宛國寶：琥珀，是如何形成和加工、琥珀的種類，以及貿易路線。

博物館本身所在位置也是一個景點，它坐落於波蘭－立陶宛蒂希基維茨伯爵的宮殿中(Tiškevičiai Palace)，該建築是新文藝復興時期的風格，旁邊還有帕蘭加植物園圍繞，環境優美。

帕蘭加琥珀博物館展出許多特色琥珀

旅遊情報

作為一個新興旅遊點，立陶宛的中文旅遊資訊相對較少，在此整理一些重點，希望對準備前來一探立陶宛之美的你們提供幫助。

需要簽證嗎？

立陶宛屬於申根國家，持臺灣護照可享有90日內免簽證的入境許可，護照要有6個月以上的效期。但要注意過去的180天期間內在申根國家的停留日數合計不得超過90天喔！另外若有考慮當地租車深入旅遊，記得在臺灣先換好國際駕照。

如何前往？

目前從臺灣前往立陶宛最方便的是搭乘土耳其航空，只需要在土耳其伊斯坦堡轉機一次，總航程加轉機等待時間約18小時。臺灣目前也有許多旅行社提供波蘭與波羅的海三國的旅遊行程，不習慣自助旅行的朋友可以考慮跟團前往。

實用旅遊資訊

立陶宛在推動旅遊觀光方面做得很好，想要更深入了解立陶宛，可以參考以下官方旅遊推廣網站：

Lithuania Travel：立陶宛官方旅遊推廣機構，對旅遊景點、文化、飲食以及活動均有全面的介紹。
🌐 www.lithuania.travel/en

Go Vilnius：維爾紐斯市官方發展機構，除了提供遊客旅遊資訊，也提供給對維爾紐斯有興趣的投資人、企業或海外人才。
🌐 www.govilnius.lt

Kaunas Travel：考納斯旅遊官方網站，提供考納斯市的新聞、名勝古蹟、住宿、餐飲等資訊。
🌐 visit.kaunas.lt/en

Klaipeda Travel：克萊佩達旅遊官方網站，提供有關克萊佩達市景點和活動的資訊。
🌐 klaipedatravel.lt/en

時差

立陶宛比臺灣慢6小時，夏令時間(日光節約時間)時則慢臺灣5小

時。歐洲夏令時間為每年3月的最後一個週日的凌晨2點(格林威治時間)開始,至10月最後一個週日的凌晨3點(格林威治時間)結束。

電壓

電壓為220 Volts AC, 50Hz,插頭為歐洲雙圓柱型插頭,記得攜帶轉換插頭。

電話Sim卡

建議遊客們抵達立陶宛後,先到當地超市(詳見 P.86)購買電話預付卡,就不需用國內號碼漫遊。立陶宛電信服務選擇多,價格也相當便宜,可以根據自己的網路使用量需求挑選合適的方案。如果需要使用其他的app,用立陶宛號碼註冊帳號也會比較方便。

交通與旅遊套票

維爾紐斯悠遊卡
E-Ticket (Vilniečio kortelė)

有需要搭乘大眾交通工具的朋友,可以至超市購買類似臺灣悠遊卡的Vilniečio kortelė,分別有1、3、10日票定期票可選

超市結帳櫃檯可以買公車卡 Vilniečio kortelė

擇。也可以直接在公車上跟司機買票,但單程票價都是1歐元,如果預期會常使用,建議購買卡片比較划算。

另外建議下載「Trafi」app,Trafi是整合維爾紐斯大眾運輸工具的主要平台,可以儲值購買電子車票,還可以規畫路線和顯示公車即時動態,也可以用來查詢共享單車或租賃汽車資訊。

> **要買車票,會查票喔!**
> 立陶宛的查票員,會在不固定的車站和時間上車查票和開罰單,搭公車一定要記得付車資,以免因小失大喔!

計程車
在立陶宛主要使用的叫車app為Uber或Bolt,車資透明不用擔心被亂喊價。Bolt app除了叫計程車,也可以用來租借市內的電動滑板車。

跨城市交通
要從維爾紐斯到其他城市,主要搭乘工具是火車或巴士,一般來說火車會比較舒適,但巴士的班次比較多,建議依自己的行程安排,兩者都查詢看看。班次與票價分別在以下網站可以查到:
公車:🌐 www.autobusubilietai.lt/en
火車:🌐 ltglink.lt/en

Vilnius Pass 觀光套票

Vilnius Pass是提供給觀光客的套票，有24、48、72小時可選，持卡去某些博物館可免入場費，在指定餐廳、景點也享優惠。🌐 www.govilnius.lt/visit-vilnius/get-vilnius-pass

支付方式

立陶宛是金融科技相當發達的國家，尤其是在大城市，電子或金融卡支付相當方便，觀光區的攤販通常只收現金，但建議不需要攜帶太多現金，並時刻保留一些零錢當小費。

小費文化

立陶宛普遍有小費文化，不論是計程車、飯店或是剪頭髮，只要你滿意該服務都可以給一點小費。

以餐廳來說，通常會在結帳以後留下大約消費金額10%的零錢作為小費，不過如果覺得服務不佳也可以不給。小費的硬幣面額不能小於10分錢(10cent)喔，不然會被覺得像是在施捨乞丐。

穿搭建議

立陶宛日夜溫差大，即使是夏天來訪，也要多帶輕便外套以備不時之需。若是在寒冷的冬天前來，則建議洋蔥式穿搭，搭配保暖的靴子，因為冬天室內都有暖氣，洋蔥式穿搭才可以在進出室內室外時彈性穿脫調整。另外冬天因為暖氣會特別乾燥，一定要備好乳液、護手霜和護唇膏等用品避免皮膚龜裂。

外送平台app

立陶宛的外送服務也是在疫情後流行起來的，兩大外送平台分別是Wolt和Bolt Food，若有懶得出門的狀況可以多加利用。但記得此篇介紹到的app都有地區限制，必須將商店設定換到立陶宛才搜尋得到喔！

安全須知

如之前提到，立陶宛在歐洲是相對安全的國家，暴力犯罪很少見，唯一要特別提防的可能是扒手與醉漢。在觀光區乞討的人通常也不是真的缺錢，建議不要施捨。若遇到特別熱情，主動攀談詢問許多問題的人，最好提高警覺。

緊急救助資訊
當地緊急電話：112 (報警、消防救援、救護車都是這個號碼)
駐立陶宛臺灣代表處(The Taiwanese Representative Office in Lithuania)
館址：J. Jasinskio g. 16B, Floor 16, Vilnius 01112, Lithuania
急難救助電話：+370-62554241

世界主題之旅 143

走進立陶宛的世界

臺灣好朋友，美麗的歐洲之心

作　　者	游堯茹
總 編 輯	張芳玲
編輯主任	張焙宜
企劃編輯	張焙宜
主責編輯	張焙宜
封面設計	何仙玲
美術設計	何仙玲

國家圖書館出版品預行編目(CIP)資料

走進立陶宛的世界：臺灣好朋友,美麗的歐洲
之心/游堯茹作. -- 初版. -- 臺北市：太雅出版
有限公司, 2023.04
　面；　　公分. -- (世界主題之旅；143)
ISBN 978-986-336-441-2(平裝)
1.CST: 社會生活 2.CST: 文化 3.CST: 旅遊
4.CST: 立陶宛
747.81　　　　　　　　　112001032

太雅出版社
TEL：(02)2368-7911　FAX：(02)2368-1531
E-mail：taiya@morningstar.com.tw
郵政信箱：臺北市郵政53-1291號信箱
太雅網址：http://taiya.morningstar.com.tw
購書網址：http://www.morningstar.com.tw
讀者專線：(02)2367-2044、(02)2367-2047

出版者　　太雅出版有限公司
　　　　　106020臺北市辛亥路一段30號9樓
　　　　　行政院新聞局局版台業字第五○○四號

讀者服務專線 TEL：(02) 23672044 / (04) 23595819#230
讀者傳真專線 FAX：(02) 23635741 / (04) 23595493
讀者專用信箱 service@morningstar.com.tw
網路書店　　 http://www.morningstar.com.tw
郵政劃撥　　 15060393（知己圖書股份有限公司）

法律顧問　　陳思成律師

印　　刷　　上好印刷股份有限公司 TEL：(04)2315-0280
裝　　訂　　大和精緻製訂股份有限公司 TEL：(04)2311-0221

初　　版　　西元2023年04月01日
定　　價　　320元
(本書如有破損或缺頁，退換書請寄至：
台中市西屯區工業30路1號 太雅出版倉儲部收)

ISBN 978-986-336-441-2
Published by TAIYA Publishing Co.,Ltd.
Printed in Taiwan

填線上回函
走進立陶宛的世界

https://reurl.cc/RvnDv6